Victor Dishy studierte an der Columbia University und arbeitete viele Jahre in den Bereichen Management, Marketing, Verkauf und Mitarbeiterschulung in den USA und Deutschland. Er ist erfolgreicher Geschäftsmann, Direktor der New York Society for General Semantics und komponiert in seiner Freizeit. Er lebt mit seiner Frau Zaida in New York und in Bridgehampton, USA.

Dieses Buch wurde auf chlor- und säurefreiem Papier gedruckt.

Deutsche Erstausgabe Februar 1992

Titel der Originalausgabe »Inner Fitness«

Originalverlag Doubleday, New York
Umschlaggestaltung Manfred Waller
Umschlagfoto Photodesign Mall
Satz Teamsatz, Neudrossenfeld
Druck und Bindung Ebner Ulm
Printed in Germany 5 4 3 2 1
ISBN 3-426-07921-6

VERA
SALZER-DECHER

Victor Dishy:
Kopf-fit

Sich selbst erkennen und erfolgreich sein

Aus dem Amerikanischen von Malte Heim

Knaur

Mit diesen »Lebenswerkzeugen« können Sie Ihre »Innere Fitneß« entwickeln – und Ihr Leben verändern!

1. **Der Tropfen Uhu**
2. **Die Glocken**
3. **Die Punkte im Kreis**
4. **Der Nordstern**
5. **Die Uhr**
6. **Die Fliege**

Wie benutzen Sie diese Werkzeuge?
Wann benutzen Sie sie?
Welches benutzen Sie?
Was können Sie mit ihnen erreichen?

Die Antworten stehen in diesem einzigartigen Buch, das Ihr Leben bereichern wird. Es enthält ein Programm mentalen und emotionalen Wohlbefindens und Glücks, das wirklich funktioniert!

Niemand anderer zu sein als du selbst – in dieser Welt, die bei Tag und bei Nacht alles daransetzt, dich zu jemand anderem zu machen – bedeutet, den schwierigsten Kampf auszufechten, den ein Mensch führen kann, und niemals aufzugeben.

E. E. Cummings

Für Amy und Nissim,
die für ihre
geistige Unabhängigkeit
große Widerstände
überwunden haben.

Inhalt

Danksagungen

Als ich noch sehr jung war, glaubte ich, Schriftsteller besäßen einen magischen Stift, aus dem wundervolle Worte flössen. Als ich dieses Buch schrieb, merkte ich, daß es nicht so war. Ich lernte, daß die Magie in der Überarbeitung lag. Und in der Eleganz, mit der andere ihre Gedanken und Talente ausdrücken. Ich danke Sharon Kingston, McKee Anderson, Joan Groves, Terry Richards, Ken Husney, Joan Hobbs, Monique Yellin, Barry Leshner, Ken Dressler, Sara Blackburn, Ralph Brody und vielen anderen, die mir durch ihre Bereitwilligkeit und Offenheit halfen, mein Programm niederzuschreiben.

Ich danke meiner Agentin Connie Clausen für ihren unermüdlichen Einsatz und meiner Herausgeberin, Loretta Barrett, für ihren unerschütterlichen Glauben an den Geist und die Botschaft von *Kopf-fit*.

Besondere Dankesschuld empfinde ich gegenüber meiner Frau Zaida für ihre Geduld und ihre fast übernatürliche Fähigkeit, zu erkennen, wann ich wirklich etwas zu sagen hatte und wann ich nur Wörter hervorbrachte. Und ich verdanke Andrew Karp vieles. Ich schulde ihm besonderen Dank für sein Einfühlungsvermögen in das Programm und seine literarischen Fähigkeiten.

Vorwort

Reden allein genügt nicht

Ich weiß nicht, wie es Ihnen ergangen ist. Ich habe Bücher gelesen, die mir auf vierhundert Seiten klarmachten, daß ich Probleme hatte – aber keine Lösung anboten. Ich bin auch Büchern gegenüber skeptisch, die uns darüber belehren, wie man sich kleidet, wie man handelt, verhandelt oder fühlt, aber kein durchführbares Programm bieten, mit dessen Hilfe man mit seinen lebenslang einstudierten Gewohnheiten brechen kann. Solche Bücher mögen unsere Entschlossenheit vorübergehend stärken, aber auf lange Sicht – bei den täglich erforderlichen Entscheidungen – versagen sie. So, wie weißglühendes Eisen erkaltet, wenn man es aus dem Feuer nimmt, kehren wir zu unseren vertrauten Gewohnheiten zurück, sobald wir die Lektüre wieder fortgelegt haben.

Die meisten Bücher zum Thema »Erfolgreicher leben« bringen uns nicht weiter, weil sie nur eine Liste von Ad-hoc-Vorschlägen anzubieten haben, hinter denen kein ganzheitliches System steht, das sich auf allen Ebenen des Denkens und Fühlens anwenden läßt. Derartige psychologische Ratgeber, die sich gern »wissenschaftlich« geben, vernachlässigen die geistigen und intuitiven Aspekte des Menschen.

Wenn wir mehr Erfolg haben und besser mit anderen kommunizieren wollen, müssen wir uns von Grund auf ändern, um unser wahres inneres Selbst wiederzuentdecken.

Um gute Ideen in die Tat umzusetzen, braucht man ein ganzheitliches Programm sowie Entschlossenheit, Konzentration und eine entsprechende Konditionierung. Erst wenn diese Voraussetzungen gegeben sind, können wir auf unsere eigene, spontane und natürliche Art etwas erreichen; ohne Tricks oder gekünsteltes Verhalten.

In diesem Buch finden Sie ein komplettes Programm zur Konditionierung von Geist und Gefühlen. Ein Programm, das Ihr innerstes Selbst einbezieht und Sie anwendbare Techniken lehrt, zu erreichen, was ich *Innere Fitneß* nenne.

Im Verkauf sind Sie – solange Sie keinen Abschluß tätigen und einen Scheck in der Tasche haben – nichts als ein gewandter Gesprächspartner. Deshalb habe ich – während ich das Innere-Fitneß-Programm ausarbeitete und in mehreren ausführlichen Seminaren testete – immer das Ziel vor Augen gehabt, Sie anzuspornen, damit Sie die Dinge tun, die zu wohltuenden Veränderungen in Ihrem Leben führen.

Das Folgende ist ein Versuch, Ihnen zu einem erfüllteren Leben zu verhelfen. Ich werde mein Bestes tun, Ihnen nicht nur die Idee hinter dem Innere-Fitneß-Programm zu verkaufen, sondern Ihnen auch die Notwendigkeit zu verdeutlichen, die Konditionierungsübungen des Programms auszuführen. Folgen Sie meinem Plan Schritt für Schritt, und Sie lernen, kreativ zu leben, Chancen bereitwillig und geradezu begierig wahrzunehmen, Veränderungen willkommen zu heißen und jene flüchtigen günstigen Gelegenheiten beim Schopf zu fassen, die sich nur allzuselten bieten.

Einführung

Innere Fitneß und Lebenswerkzeuge – Gebrauchsanweisung für dieses Buch

Die wichtigste Prämisse für das Innere-Fitneß-Programm ist die Einsicht, daß Aufrichtigkeit sich selbst gegenüber die produktivste, realistischste und pragmatischste Art zu leben ist.

Wie auch immer unsere Zwecke und Ziele aussehen – ob wir beruflich Erfolg haben oder unser persönliches Potential ausschöpfen wollen –, wir müssen ein Gleichgewicht zwischen unserem täglichen Leben und dem herstellen, was wir als richtig für uns empfinden. Die Lebenswerkzeuge werden uns helfen, diese Symmetrie zu erreichen.

Die Werkzeuge versinnbildlichen sechs verschiedene, aber untereinander in Beziehung stehende Lebenserfahrungen, deren jede durch ein einprägsames Symbol dargestellt und durch Beispiele verdeutlicht wird. Jedes der Werkzeuge steht für einen verläßlichen und praktischen Rat, wie wir unser Denken, Verhalten und Fühlen korrigieren und neu einüben können.

Am Ende eines jeden Kapitels ist eine Reihe mentaler und emotionaler »Konditionierungsübungen« aufgeführt, die den Übergang von der Theorie zur Praxis ermöglichen. Sie zeigen, wie wir die Werkzeuge im täglichen Leben anwenden können, und ermutigen uns, jene kleinen Veränderungen im Leben auszuführen, die auch für bedeutsamere Entscheidungen wichtig sind. Die folgende schrittweise Art des Vorgehens garantiert den größten Nutzen des Innere-Fitneß-Programms.

Phase I: Innere Empfänglichkeit

Innere Fitneß beginnt, wenn Sie sich in der Privatsphäre Ihres eigenen Denkens selbst dazu verpflichten. Bestätigen Sie sich in einem stillen Moment selbst, daß Sie für eine Veränderung empfänglich und für sie bereit sind. Bevor Sie darangehen können, Ihr Denken und Fühlen zu konditionieren, müssen Sie Ihren Wunsch bekräftigen, ein kreatives Leben, ein »Ich wähle«-Leben zu führen.

Phase II: Das totale Programm

Lesen Sie dieses Buch wenigstens einmal ganz durch. Das erste Lesen wird Ihnen ein Gefühl für das Programm geben und Sie befähigen, die Werkzeuge an ihrem richtigen Platz einzuräumen. Die Werkzeuge werden in evolutionärer Stufenfolge eingeführt; sie sind zunehmend komplexer und vollziehen den Übergang von innen nach außen, vom Schweigen zum Sprechen, von persönlichen zu sozialen Belangen. Sie führen von nonverbalen zu verbalen Fähigkeiten, von der Fehlervermeidung zur Entdeckung positiver Richtungen. Sie machen Sie mit Ihrem nonverbalen Selbst bekannt, lassen Sie darauf achten, Ihren eigenen Weg zu wählen, machen Ihnen bewußt, daß Sie Ihrem spirituellen Wesenskern folgen müssen, bereiten Sie auf die Veränderung vor und verbessern Ihr Geschick, mit anderen zu kommunizieren. Sobald Sie Routine in der Verwendung der Werkzeuge haben, brauchen Sie keine bestimmte Reihenfolge mehr zu berücksichtigen.

Phase III: Die Konditionierungsübungen

Beim zweiten Lesen führen Sie die Konditionierungsübungen aus. Nehmen Sie sich für jedes Werkzeug eine Woche Zeit. Üben Sie seine Anwendung im täglichen Leben. Legen Sie besonderes Gewicht auf die Übungen, die zu Ihrer Situation passen. Wenn Ihr Leben besonders hektisch ist und Sie unter Druck stehen, ist das genau der richtige Zeitpunkt, die Lebenswerkzeuge zu verwenden.

Wenn Sie die Konditionierungsübungen ausgeführt haben, rufen Sie sich die vielfältigen Nutzanwendungen der Werkzeuge in Erinnerung und wenden das in der jeweiligen Situation geeignetste und wirksamste an. Gehen Sie nach dem in Kapitel zehn beschriebenen Arbeitsblattverfahren vor. Listen Sie alle Werkzeuge auf, und verwenden Sie eines nach dem anderen, um ein besonders schwieriges Problem zu lösen. Sie können die Werkzeuge auch benutzen, *nachdem* Sie eine Entscheidung getroffen oder einen Konflikt überwunden haben. Dann wirken sie in Form einer Therapie und helfen Ihnen, Probleme zu verstehen und zu verarbeiten.

Phase IV: Der Schwung nach vorn

Sie können das ganze Innere-Fitneß-Programm in wenigen Wochen beherrschen, aber Sie sollten es nicht dabei bewenden lassen. Es handelt sich um ein Programm, das Ihnen Ihr ganzes Leben lang hilft, wenn Ihnen die Verwendung der Werkzeuge erst in Fleisch und Blut übergegangen ist. Diese Fähigkeit läßt sich wie jede andere ständig verbessern. Kehren Sie immer wieder zu den Werkzeugen zurück und entdecken Sie neue Anwendungsmöglichkeiten. Je mehr wir sie nutzen, desto mehr Einsichten gewinnen wir in uns selbst und desto größeren Schwung bekommt unser Leben.

Wie das Innere-Fitneß-Programm entstand

In einem Herbst zu Beginn der achtziger Jahre sann ich über die Wendepunkte in meinem Leben nach. Ich machte noch einmal meine größeren und scheinbar unwichtigen, aber in Wahrheit kritischen Entscheidungen durch. Ich hatte Höhen und Tiefen erlebt, aber im großen und ganzen war mein Leben glücklich verlaufen. Plötzlich spürte ich einen inneren Ruck. Die Bilder, Vorstellungen und Erfahrungen, die mir in den Sinn kamen, schienen sich zu einem Muster anzuordnen.
Ich erkannte, daß ich am erfolgreichsten war, wenn ich mit der Tradition brach und meinem spontanen, kreativen Impuls folgte. Wenn ich auf Sicherheit setzte und mich bei meinen Entscheidungen von Befürchtungen und Zwängen leiten ließ, von »Anstand« und »Verhältnissen«, schlichen sich Fehler in mein Urteil ein, und ich errang nur mäßige Erfolge.
Vertraute ich hingegen meinen Gefühlen und Eingebungen und gestand ihnen die gleiche Berechtigung wie meinem rationalen Denken zu, so verspürte ich Freude und Selbstachtung. Diese Einsicht führte zu einer weiteren Erkenntnis: Ich besaß mehr Macht über mein Leben, als ich mir hätte träumen lassen. Ich wurde nicht durch »Umstände« – Umwelt, Glück oder andere äußere

Faktoren – beherrscht. Im Gegenteil, *ich* selbst wählte meinen Weg und traf die Entscheidungen. *Ich* erschuf mein Leben und bestimmte mein Schicksal.

Während ich mir diese Momente der persönlichen Erfüllung und meiner geschäftlichen Erfolge beim Marketing, beim Anlernen des Verkaufspersonals, beim Verhandeln und in der Kommunikation mit anderen vergegenwärtigte, sann ich darüber nach, wie ich aufgrund der verfügbaren Informationen zu Entscheidungen gelangte. Ich hatte mich viele Jahre lang mit einer Kommunikations- und Wahrnehmungstheorie befaßt – und Kurse über dieses Thema geleitet –, die von Alfred Korzybski, dem hervorragenden Semantiker und Autor des Buches *Science and Sanity*, entwickelt worden war.* Seine Allgemeine Semantik (General Semantics oder GS) war gedacht, uns von überholten Denkweisen zu neuen Ansätzen zu führen, die eher mit den modernen Naturwissenschaften und der Natur selbst in Einklang zu bringen waren. Aber was ich über die Menschen lernte, kam nicht aus einem Lehrbuch. Mein Leben lehrte es mich. Meine persönliche und berufliche Erfahrung brachte mir grundsätzliche Lektionen über die

*Alfred Korzybski: *Science and Sanity: An Introduction to Non-Aristotelian Systems and General Semantics* (Wissenschaft und geistige Gesundheit: Eine Einführung in nichtaristotelische Systematik und Allgemeine Semantik, Lakeville, Conn.: The Institute of General Semantics, 6/1980. Anm. d. Übers.)

Natur des Menschen bei. Ich erkannte ein System geistiger Einstellungen und selbstauferlegter Regeln. Wieder hatte sich ein Muster gezeigt.
Ich erkannte, daß ich teils bewußt, teils unbewußt eine Vielzahl von Werkzeugen und Techniken benutzt hatte, um verläßliche Urteile zu fällen. Ich spürte, daß sich dieses Sortiment universell einsetzen ließ und daß ich in der Lage war, anderen die Chance aufzuzeigen, ihr Leben nicht nur als die Summe ihrer Fähigkeiten zu betrachten, sondern als eine aufregende Reise ins Ich. Auf den folgenden Seiten habe ich versucht, Ihnen diese Einsichten zu vermitteln.

TEIL 1

Programmstart

Eins

Innere Fitneß

Ein Programm zur mentalen und emotionalen Konditionierung

Die achtziger Jahre standen im Zeichen der körperlichen Fitneß. Vom Jogging bis zum Bodybuilding, von Aerobic bis zum Wandern; uns allen wurden die Notwendigkeit und die körperlichen Wohltaten des Trainierens, Fitwerdens und einer gesunden Ernährung bewußt. Wir haben unsere Ernährung umgestellt und das tägliche Training in unseren Stundenplan eingebaut. Aber wozu dienen schlankere und gesündere Körper, wenn unser Geist und unser Fühlen nicht fit sind?

Zu viele Menschen sind heutzutage zwiegespalten. Geist und Körper sind nicht mehr aufeinander eingestimmt. Wir führen ein Doppelleben und vergewaltigen unser eigentliches Selbst. Am Arbeitsplatz verhalten wir uns anders als zu Hause. Aufgrund dieser gestörten Harmonie zwischen Handeln, Fühlen und Denken verzetteln wir unsere Kraft und leisten weniger, als wir könnten.

Es ist jetzt an der Zeit, daß wir die Verbindung zwischen Körper und Geist wiederherstellen – uns neu

orientieren und unser inneres Programm überholen –, daß wir nicht länger nur unseren Körper trainieren.
Wir wissen, daß wir regelmäßig trainieren und das Richtige essen müssen, wenn wir körperliche oder äußerliche Fitneß erreichen wollen. Aber wir brauchen auch ein Programm, um unseren Geist und unsere Gefühle zu entwickeln, wenn wir Innere Fitneß erlangen wollen. Das bedeutet, daß wir ein Leben nach eigener Wahl führen, eine Vielzahl unnötiger Fallen und Irrtumsmöglichkeiten meiden und das Beste aus unseren Anlagen machen.
Innere Fitneß ist ein nüchternes Programm zur Neukonditionierung von Denken und Fühlen. Es basiert auf sechs leichtverständlichen und leicht zu merkenden Lebenswerkzeugen und dem Einüben ihres Gebrauchs. Es hilft uns, falsche Verhaltensmuster abzulegen und durch natürliche und angemessene Reaktionen zu ersetzen. Sie brauchen kein besonderes Zubehör und müssen nicht mehr als einige Minuten täglich aufwenden. Das Innere-Fitneß-Training befreit uns von vorschnellen Urteilen. Indem es uns vor unhaltbaren Schlüssen bewahrt, uns angemessene Reaktionen auf sich durch Veränderungen ergebende Probleme lehrt und uns ermutigt, unseren eigenen Neigungen zu folgen, befähigt es uns, die schwierigen Entscheidungen des Alltagslebens in Angriff zu nehmen.

Die Anwendung der Lebenswerkzeuge ist wie eine Trainingsrunde mit Gewichten.

Wie jede Station oder Übung beim körperlichen Fitneßtraining eine spezifische Funktion hat und einen bestimmten Muskel kräftigt, damit letztlich der ganze Körper gestrafft und leistungsfähiger wird, bietet auch das Innere-Fitneß-Programm mentale Trainingsrunden mit spezifischen Übungen zur Straffung und Steigerung des Fühlens und des Intellekts. Das euphorische Gefühl beim Fitneßtraining (nach dem Erlebnis eines schöpferischen Auftriebs oder der Entdeckung und Nutzung neuer Möglichkeiten) läßt sich durchaus mit dem Hochgefühl eines Läufers oder dem Kraftbewußtsein eines Gewichthebers vergleichen.

Durch Innere Fitneß lernen wir, in Einklang mit unseren persönlichen Wertschätzungen und unseren Instinkten zu leben. Ich habe jedoch keineswegs vor, zum Verzicht auf die materiellen Annehmlichkeiten des Lebens aufzurufen. Im Gegenteil, **es ist meine auf persönlicher und beruflicher Erfahrung basierende Überzeugung, daß sich selbst treu zu sein ganz und gar keine Traumtänzerei, sondern einen höchst praktischen Weg zum Erfolg darstellt. Diese simple Wahrheit scheint das bestgehütete Geheimnis der Gegenwart zu sein.**

Indem es uns dazu verhilft, unsere Träume zu erkennen und triftige und unserem inneren Selbst gegenüber aufrichtige Entscheidungen zu treffen, stattet uns das Innere-Fitneß-Training mit der Kondition aus, die wir brauchen, um unsere »Spiritualität« zu befreien und anzuwenden. Es ermöglicht uns, jenen Paradigmenwechsel vorzunehmen, den Fritjof Capra in seinem Buch *The Turning Point* verlangt, in dem er uns zeigt, wie wir unser Potential ausleben und die durch Abraham Maslow gepriesene Selbstverwirklichung erreichen können.* Meine Hoffnung ist, daß das Innere-Fitneß-Programm das Missing link zwischen Vernunft und Geist, zwischen dem Alten und dem Neuen Zeitalter, zwischen dem streng hierarchischen und dem neuen, am Menschen orientierten Verwaltungsstil finden hilft; wir brauchen dieses Bindeglied, um auch zukünftigen Anforderungen gewachsen zu sein. Indem sie uns hilft, uns an der Basis zu verändern und in Harmonie mit uns selbst und unserer Umwelt zu leben, trägt die Innere Fitneß dazu bei, daß wir alle unsere Träume erfüllen, unsere Möglichkeiten ausleben und unseren Geist erheben können, und wird uns somit – im Frieden mit uns selbst – ins 21. Jahrhundert führen.

*Fritjof Capra: dt. *Wendezeit* (Bern 1983). - Maslow, Abraham H.: z. B. dt. *Motivation und Persönlichkeit* (Olten, 2/1978, und Reinbek, 1981. Anm. d. Übers.)

Zwei

Wie Sie ein »Ich sollte«-Leben in ein »Ich wähle«-Leben verwandeln

Weshalb kommt es einigen Menschen, die alles zu haben scheinen, so vor, als hätten sie nichts?

Ralph entspricht mit seinen roten Haaren und seiner rosigen Gesichtsfarbe schon vom Aussehen her seiner Rolle als aufgeweckter, dreiunddreißig Jahre junger Verkaufsleiter eines New Yorker Werbebüros. Seine Klienten mögen ihn, seine Mitarbeiter schätzen seinen messerscharfen Verstand. Er wohnt in einem komfortablen Apartment in der Upper West Side. Jeden Morgen vor der Arbeit joggt er mehrere Kilometer im Central Park, und jeden zweiten Abend trainiert er mit Gewichten im New York Health and Racquet Club. An den Wochenenden bereiten er und seine Frau Gourmet-Essen für Freunde und besuchen Off-Broadway-Shows. Im Sommer mieten sie ein geräumiges Haus auf Shelter Island. Trotz alldem verzweifelt Ralph am Leben.

Mary ist eine Enddreißigerin, zierlich und attraktiv, mit einem sicheren Job als Sekretärin in einem kleinen Architekturbüro in einer Bostoner Vorstadt. Sie hat nicht viel Verantwortung und kommt gut mit ihren Kollegen aus. Sie ist jetzt seit drei Jahren von ihrem alkoholsüchtigen Mann geschieden, zieht ihre beiden wohlerzogenen Teenager groß, liebt die Natur und trifft sich mit einem älteren Mann, einem Ingenieur, der sie gebeten hat, ihn zu heiraten. Sie ist davon überzeugt, daß er einen guten Ehemann und Vater abgeben würde, bringt es aber nicht fertig, »ja« zu sagen. Mary weint häufig und ist durch ihre tiefe Unrast und Unausgefülltheit verwirrt.

Sind *Sie* innerlich voller Zorn, Frustration und Unzufriedenheit, obwohl Ihr Leben anderen gesichert und angenehm scheint?

Machen Sie das Getriebe des Lebens nur passiv mit?

Brauchen Sie Tabletten oder Alkohol, um die Woche durchzustehen?

Langweilt Sie Ihr Partner, Ihre Partnerin oder Ihre Arbeit?

Finden Sie Ihre Arbeit so mühsam und uninteressant, daß Sie nur für die Wochenenden leben?

Quält Sie Ihr Chef mit Ansprüchen, die Sie nie erfüllen können?

Beansprucht Ihre Arbeit so viel Zeit, daß Sie nie in den Genuß des verdienten Geldes kommen?

Haben Sie genug von Psychologie, Technik und Rationalität, wissen aber nicht, wo Sie sonst nach Antworten suchen könnten?

Fluchen Sie auf die Götter, das Schicksal, die Regierung oder Ihre Eltern, die Sie für Ihr Unglück oder Ihr Los verantwortlich machen?

»Wohin läufst du?« fragte einst ein Mann seinen Freund. »Ich weiß es nicht«, erwiderte der Freund, »ich bin zu sehr damit beschäftigt, dorthin zu kommen.«

Wir eilen zu oft durchs Leben, statt innezuhalten und unseren Instinkt zu befragen oder zu wagen, unseren Träumen gemäß zu handeln.

Ralph verabscheut die Werbung insgeheim und haßt sich selbst, weil er sie verkauft. Er hat einen Doktortitel in Anglistik, liebt Kunst und Literatur und wäre gern Schriftsteller, hält aber aus Furcht und Unsicherheit an seinem Job, seinem Einkommen und einem Lebensstil fest, den er nicht aufgeben möchte. Er hält seinen Körper fit, denkt aber nicht einmal im Traum daran, etwas für seine mentale und emotionale Fitneß zu tun.

Mary spürt, daß ihr Leben vorbei ist; daß sie an einen unbedeutenden und anspruchslosen Schreibtischjob gefesselt ist. Gezwungen, sich für ihre Kinder aufzuopfern, voller Furcht, ihr restliches Leben allein verbringen zu müssen, glaubt sie, keine andere Wahl zu haben, als einen Mann zu heiraten, den sie nicht liebt. Insgeheim möchte Mary nach Kalifornien ziehen, ihr College beenden und Forstaufseherin werden. Aber sie hat ihre Träume zugunsten dessen begraben, was sie für Sicherheit hält, und schleppt sich durch ihre Tage und Nächte voller Einsamkeit, Seelenschmerz und Enttäuschung.

Ralph und Mary stellen an Leben und Beruf zu geringe Ansprüche. Sie sind typisch für Menschen, die sich in ihrer Lebenssituation gefangen fühlen und deren Wohlbefinden durch Trauer, Furcht, enttäuschte Träume und verzerrte Wahrnehmung beeinträchtigt ist. Sie leben ein »Ich sollte«-Leben; sie tun, was sie ihrer Meinung nach tun *sollten*, anstatt zu tun, was sie tun *wollen*. Sie leben ein Leben nach den Diktaten von Gesellschaft und Anstand, anstatt dynamisch und kreativ zu sein.

Auch ich war einmal so. Ich spürte den Druck, dem wir alle ausgesetzt sind. Den Druck, eine Arbeit oder eine Freundin festzuhalten (aus Furcht, keine neue zu finden), sein Los zu akzeptieren, emotionale Risiken und Gefahren zu meiden. Wir spüren diesen Druck seitens unserer Eltern, unserer Kollegen, Vorgesetzten und Kunden – er ist die Summe unserer Erfahrungen. Wenn wir uns den Zwängen des »Ich sollte«-Lebens ergeben, scheint uns die Zukunft eher eine Bedrohung als eine Chance zu sein. Wir errichten Schutzwälle gegen reale und eingebildete Gefahren und messen fremder Meinung mehr Gewicht als der eigenen bei. Wir opfern unsere Träume für die Illusion der Sicherheit, verzerren unsere Wahrnehmung und lähmen unsere Kreativität und Spontaneität. Wir lassen uns von der Furcht motivieren.

Furcht motiviert uns zu Handlungen – und Untätigkeit. Sie ist eine angemessene Reaktion auf gewisse lebensbedrohende Situationen; aber viele unserer täglichen Ängste nagen an unserer Seele und verwüsten unsere emotionale Landschaft. Angst vor Armut, Einsamkeit, dem Unbekannten; die Furcht, Fehler zu machen, sich nicht einordnen zu können, fremde Erwartungen nicht zu erfüllen, treibt uns weiter und weiter von uns selbst fort und tiefer und tiefer in die quälende Lähmung des »Ich sollte«-Lebens.

In meinen Gesprächen mit potentiellen Investoren hat sich im Laufe der Jahre der traurigste und häufigste Refrain herausgeschält, der mit den Worten »Wenn ich doch nur ...« beginnt: »Wenn ich doch nur damals diese Aktien gekauft hätte«, »Wenn ich doch nur diese Arbeit abgelehnt hätte«, »Wenn ich doch nur mein Leben anders geführt hätte«. Zu viele von uns enden aus Furcht, ihren Instinkten zu folgen, mit Klagen über ihre Vergangenheit und leben ein von ständiger Trauer über ihre unerfüllten Träume überschattetes Leben.

Welch ein Jammer! Welch eine Verschwendung! Wenn wir die Zukunft fürchten und den Eindruck haben, unser Leben sei vorbei oder entzöge sich unserer Kontrolle, ist es kein Wunder, daß es uns freudlos erscheint. Aus Mangel an Selbstachtung suchen wir Trost im Alkohol, entwickeln Geschwüre oder gar Krebs, entfremden uns unseren Lebensgefährten und Kindern und suchen psychiatrische Hilfe auf. Kein Wunder, daß Ralph angefangen hat, Tabletten zu nehmen, oder daß Mary ihre Kinder und die Hausarbeit vernachlässigt.

Für Ralph und Mary ist es – wie für die meisten von uns – nicht nur *ratsam*, sich von der verborgenen Macht des »Ich sollte«-Lebens freizusagen, sondern eine Frage des Überlebens.

Zum Glück gibt es eine Alternative: das »Ich wähle«-Leben. Und es beginnt mit der Art, wie wir uns selbst und die Welt wahrnehmen.

Kreatives kontra präventives Leben

Wenn wir das »Ich wähle«-Leben führen, entscheiden wir uns für das Risiko, statt uns von der Furcht leiten zu lassen.

Wir probieren etwas Neues aus, anstatt auf Sicherheit zu setzen. Wir lehnen es ab, nach einem bereits geschriebenen Drehbuch zu leben, und nehmen die vielen Chancen wahr, die das Leben für uns bereithält. Auf diese Art bewegen wir uns vorwärts, entwickeln wir uns, wachsen wir und nehmen wir Chancen wahr. Diese Bereitschaft, Gelegenheiten zu nutzen, ist der Kern des »Ich wähle«-Lebens und zugleich das Motto des kreativen im Vergleich zum präventiven Leben.

Präventives Leben ist reaktiv. Es läßt uns Schwierigkeiten aus dem Weg gehen, koste es, was es wolle. Es läßt uns defensiv sein und passiv zuschauen, wie uns die Welt zum Opfer macht. Letztlich hinterläßt es uns so hilflos und frustriert wie Ralph und Mary. Wer hingegen kreativ lebt, übernimmt die Kontrolle über sein Leben und ist bestrebt, seine geheimsten Träume zu erfüllen. Er benutzt sein Herz und seinen Verstand, um sich neue Möglichkeiten zu erschließen. Er lebt das Leben, das er leben möchte, anstatt zuzulassen, daß ihn Umstände und Wünsche anderer formen und frustrieren.

Natürlich müssen wir alle häufig Kompromisse schließen und Zugeständnisse machen. Wir alle haben unseren Vorgesetzten und Partner, Hausherren und Gesetzesordnungen, Richtlinien und Verpflichtungen. Und wir alle werden von der Furcht und ihrem schrecklichen Begleiter, dem »Ich sollte«, beeinflußt und zuweilen behindert. Aber um erfolgreich zu sein, müssen wir freiwillige und dynamische Kompromisse schließen, damit wir situationsbedingte Erfordernisse erfüllen können, ohne gleich unsere Identität, Individualität und Unabhängigkeit opfern zu müssen. Unser mentales und emotionales Wohlbefinden – unsere Innere Fitneß – hängt davon ab. Der Trick ist, zu wissen, wann jene unsichtbare Linie überschritten ist und wir eine Beziehung beenden, eine Arbeit kündigen oder ein Muster in unserem Lebensstil ändern müssen..., wenn wir nicht riskieren wollen, noch tiefer im Sumpf des »Ich sollte« zu versinken.

Der »Ich sollte«-Lebensstil
Ich passe mich an. Risiken nehme ich nur auf mich, wenn sie sich nicht vermeiden lassen.

Der »Ich wähle«-Lebensstil
Ich nehme Risiken auf mich. Ich passe mich nur an, wenn es sich nicht vermeiden läßt.

Die Wahl zwischen diesen beiden Möglichkeiten betrifft die Wurzeln unserer Existenz.

Sie können von einem präventiven auf ein kreatives Leben »umschalten«, indem Sie die für die Innere Fitneß wichtige Prämisse akzeptieren, daß Leben eine Fähigkeit ist, die sich durch die Praxis entwickeln läßt. Indem wir uns darin üben und dazu konditionieren, unsere kleineren Probleme zu lösen, vergrößern wir unser emotionales und mentales Geschick, auch die größeren Probleme des Lebens kreativ zu lösen.

Leben als Fähigkeit

Kürzlich sprach ich mit einer meiner früheren Tennispartnerinnen, Mutter dreier Kinder und Inhaberin eines kleinen Lebensmittelgeschäfts. Sie schwenkte ein Buch in der Hand und strahlte vor Vergnügen.

»Was macht Sie so froh, Jamie?« erkundigte ich mich.

»Ich habe ein Buch nicht ausgelesen«, platzte sie heraus.

»Und das macht Sie glücklich?«

»Sie wissen doch, wie zwanghaft ich bin. Immer, wenn ich ein Buch anfing, fühlte ich mich verpflichtet, es auch auszulesen; selbst wenn ich es verabscheute. Ich fing an, das Lesen zu fürchten. Heute habe ich zum ersten Mal beschlossen, einen Roman nicht auszulesen, der mich tödlich langweilte. Ich fühle mich befreit! Meine ganze Einstellung hat sich gewandelt!«

Meine Tennispartnerin sprach über ihr Leben.

Wenn Ihnen das Leben, das Sie führen, nicht gefällt, sollten Sie nicht still sitzen bleiben, mit den Zähnen knirschen und verhalten fluchen. Erheben Sie sich und protestieren Sie, solange es noch Zeit ist, das Leben zu leben, das Sie leben *wollen*.

»Natürlich«, wenden Sie vielleicht ein. »Sie haben leicht reden. Sie haben nicht meine Probleme, meine Verpflichtungen und meine Schmerzen. Das Leben ändern wollen und es tatsächlich ändern, sind zwei verschiedene Paar Schuhe. ›Das Leben währt kurze Zeit, und wenn's köstlich gewesen ist, so ist's Mühe und Arbeit gewesen‹, wie das Sprichwort sagt.«

Ich sehe das nicht so. Ich finde das Leben großartig und werde erklären, wieso. Ein einziger gewaltiger Irrtum hindert uns daran, die entscheidende Verwandlung eines furchtbestimmten Lebens in ein aufregendes Leben voller Herausforderungen vorzunehmen.

Wir nehmen das Leben als naturgegeben hin und setzen voraus, daß unsere Verhaltensmuster angeboren und unveränderlich sind. Daß die Fähigkeit zu weisen Entscheidungen eine wenigen Menschen vorbehaltene Gabe Gottes ist. Seltsam, daß wir eine so komplexe Aufgabe wie das Leben derart naiv angehen. Obwohl wir nicht einmal im Traum daran denken würden, einen PC zu benutzen, ohne das Bedienungshandbuch gelesen zu haben – und sei er auch noch so benutzerfreundlich –, gehen wir durchs Leben, ohne uns auf seine

Komplikationen und Gefahren vorbereitet zu haben.

Anders als viele Tiere, die sich beim Überleben allein auf den Instinkt verlassen, *müssen wir Menschen unsere Reaktionen auf die Umwelt erlernen*.

Wir müssen lernen, eine vernünftige und für uns günstige Wahl zu treffen. Glücklich, produktiv und kreativ zu leben ist ebensowenig naturgegeben wie ein guter Aufschlag beim Tennis oder ein muskulöser, gut geformter Körper. Schauen Sie sich nur um und sehen Sie, wie viele Menschen Schiffbruch erleiden, in unglückliche Beziehungen verstrickt sind, eine falsche Entscheidung nach der anderen treffen, ihre Arbeit hassen und sich ihr Leben verbauen. Solche Menschen folgen – getrieben durch verborgene erlernte Reaktionen, und ohne daß es ihnen bewußt würde – einem selbstzerstörerischen Verhaltensmuster.

Weshalb sollten wir unsere einzige Gelegenheit zu Glück und Erfolg dem Zufall überlassen? Das Beste aus seinem Leben zu machen – nicht einfach nur zu existieren und passiv die Wechselfälle des Lebens hinzunehmen – ist kein angeborener Charakterzug oder Trick, es ist eine Fähigkeit und erfordert wie jede Fähigkeit Praxis, Training und Konditionierung. Und das sind die guten Nachrichten. Weil Leben eine Fähigkeit ist, kann man es erlernen. Das ist durchaus nicht rein theoretisch gemeint. Ich spreche hier über die Fähigkeiten, die wir brauchen, um kluge Entscheidungen zu treffen; um uns für den richtigen Partner und die richtige Arbeit zu entscheiden, um abzunehmen oder eine größere Investition zu tätigen. Zu oft lassen wir untätig zu, daß uns die Welt herumstößt; als hätten wir keine Kontrolle über sie. Wir unternehmen nichts dagegen, daß sich alte, überholte Ideen und verborgene Annahmen wie Pitbullterrier an uns festbeißen. Wir müssen hinderliche Glaubensvorstellungen abschütteln und wieder die Kontrolle über unser Leben übernehmen.

Der entscheidende erste Schritt zu einem »wiederbelebten« Leben ist die Erkenntnis, daß gut zu leben *die* Fähigkeit ist, die es zu meistern gilt. Wenn Sie dieses Konzept akzeptieren, sind Sie bereit, die Mittel und Wege zu einem besseren Leben zu erkunden, indem Sie das Innere-Fitneß-Programm anwenden.

Steht Ihnen eine wichtige berufliche Entscheidung bevor? Erwägen Sie eine Heirat, eine Scheidung, einen Wechsel des Arbeitsplatzes? Überlassen Sie sich der Verzweiflung, weil Ihre Arbeit Sie frustriert oder Sie nicht den ersehnten Liebespartner finden können? Wissen Sie nicht, was Sie mit Ihrem Leben anfangen sollen? Dann leben Sie wahrscheinlich ein zufälliges, wahlloses und defensives Leben. Besäßen Sie nicht gern ein Sortiment von Werkzeugen, die Ihnen helfen, Ihre Träume wahr zu machen, kluge und Ihrem inneren Selbst gegenüber aufrichtige Entscheidungen zu treffen?

Dann ist das Innere-Fitneß-Programm für Sie geschrieben!

Mary löste ihr Dilemma, nachdem sie das Innere-Fitneß-Programm einige Monate lang ausgeführt hatte. Sie erkannte die Notwendigkeit, ihr gewohntes Gleis zu verlassen und ihrem Traum zu folgen; ganz gleich, wie hoch der Preis oder das Risiko sein mochte. Sie bewarb sich um einen Studienplatz in Kalifornien. Dann beschloß sie, ihre Kinder an der Entscheidung zu beteiligen. Zu ihrer Verwunderung verstanden und unterstützten sie sie. Nach langem Hin und Her machte ihr Sohn Jay einen Vorschlag, dem alle zustimmten. Er und seine Schwester würden bei ihrer Tante leben, bis Mary sich in Kalifornien eingelebt hatte. Dann würden sie zu ihr kommen, Jay würde sich einen Teilzeitjob suchen und Sue sich als Babysitterin verdingen. Wenn sie sich alle ein wenig einschränkten, war es zu schaffen.

Mary fühlte sich erleichtert und zuversichtlich. Sie lebt heute mit ihrer Familie in San Diego, arbeitet stundenweise im Forstdienst und studiert. Sie ist ihren Kindern näher als je zuvor. Und obwohl ihr Leben anstrengend ist, empfindet sie eine tiefe innere Freude, die es ihr lohnend erscheinen läßt.

Ralph war weniger glücklich. Wie so viele andere ignoriert er weiterhin die Bedürfnisse und Wünsche seines innersten Selbst und läuft Gefahr, die Leidenschaft und die Glut seines Lebens zum Erlöschen zu bringen. Ohne Innere Fitneß verharrt er in Stagnation, schwelgt in Selbstmitleid und ist davon überzeugt, ein Opfer von Umständen zu sein, die er nicht kontrollieren kann.

Wie Mary erfuhr, ist es nicht ganz einfach, Innere Fitneß zu erreichen. Es erfordert, daß wir geistig offen, uns selbst gegenüber ehrlich und uns zu bemühen bereit sind, unsere mentale Trägheit zu überwinden. Das kann schmerzhaft und riskant sein. Aber sobald wir die Lebenswerkzeuge an unseren kleinen Problemen erproben, sehen wir Fortschritte und Verbesserungen. Wenn wir die Innere Fitneß genau wie die körperliche Fitneß zu einem selbstverständlichen Teil unseres täglichen Lebens machen, stellen wir fest, daß wir uns von Grund auf von innen her ändern, und wir werden für diese Veränderung mehr als bereit sein. Wir entwickeln positivere und kreativere Gewohnheiten und gelangen zu einem tieferen Verständnis unser selbst und anderer. Wenn wir das Leben voll ausleben, sehen wir auch der Zukunft freudig entgegen.

Das Innere-Fitneß-Programm ist ebenso für jene entworfen, die beruflich Erfolg haben und das Leben genießen (sich aber noch mehr Erfolg und Wohlergehen wünschen), als auch für die Unglücklicheren unter uns. Es ist gleichermaßen für Menschen geeignet, die sich beruflich verbessern möchten, wie für jene, die ihr Privatleben reicher gestalten wollen. Da für ein angenehmes Leben und für beruflichen Erfolg dieselben Fähigkeiten nötig sind, hilft uns die Innere Fitneß in allen

Lebensbereichen. Um im Berufsleben Erfolg zu haben, müssen wir ausgeglichen und zu optimalen Leistungen fähig sein. Indem sie uns mit uns selbst in Einklang bringt und unsere Entscheidungskraft stärkt, macht uns die Innere Fitneß zu besseren Geschäftsführern und erhöht allgemein unsere Leistungsfähigkeit.

Öffnen Sie Ihren Geist und ziehen Sie Ihren emotionalen Trainingsanzug an. Wir wollen gemeinsam neue Wege der Wahrnehmung und Kommunikation beschreiten, um höchste Leistungsfähigkeit und anhaltende innere Harmonie und Innere Fitneß zu erlangen.

Drei
Innere Fitneß
Aufwärmen

Bevor wir mit dem Innere-Fitneß-Training und dem Gebrauch der Lebenswerkzeuge beginnen, müssen wir unsere mentalen und emotionalen Muskeln aufwärmen, indem wir uns kurz auf die komplizierten Rollen besinnen, die Wahrnehmung, Sprache und Kommunikation in unserem Leben spielen. Der erste Schritt im Innere-Fitneß-Programm ist die Erkenntnis, daß sich alle unsere privaten und beruflichen Schwierigkeiten auf Probleme in unserer persönlichen Wahrnehmung und Kommunikation zurückführen lassen. Indem wir überholte Muster in unserer Wahrnehmung und Kommunikation identifizieren und uns von ihnen befreien, entkommen wir dem emotionalen Gefängnis des »Ich sollte«-Lebens in die kreative Freiheit des »Ich wähle«-Lebens.

Wahrnehmung

Der Schlüssel

Ob wir glücklich oder traurig sind oder versagen, hängt weniger von der Welt um uns als davon ab, wie wir diese Welt wahrnehmen.

Ist das Glas halb leer oder halb voll? Welche Informationen wir auswählen und wie wir sie im Sinne unserer Wahrnehmung verwenden und mit Bedeutung belegen, ist Privatsache und wird durch unsere Persönlichkeit, Intelligenz und unser Temperament bestimmt. Die Fakten, die wir auswählen, um uns ein Urteil zu bilden oder eine Situation einzuschätzen, sind allein »*unsere* Fakten«; nicht »*die* Fakten«. Das bedeutet, daß wir nicht Sklaven der Umstände sind, sondern die Welt nach Belieben interpretieren können.
Nehmen Sie Barry, einen jungen Autor, der zwei Jahre lang an seinem ersten Roman gearbeitet hat, einem Techno-Thriller. Voll banger Erwartung schickt er das Manuskript an einen Agenten. Als der Agent den Roman gelesen hat und sich bereit erklärt, den Autor zu vertreten, ist Barry entzückt und zuversichtlich. Aber einen Monat später, als die ersten Ablehnungsschreiben eingehen, ist Barry am Boden zerstört. Er nimmt die Ablehnungen persönlich und betrachtet sie als Beweise

dafür, daß er als Mensch und Autor versagt hat. Er fällt in eine tiefe Depression, beschließt, das Schreiben aufzugeben, und weist den Agenten an, das Manuskript keinem weiteren Verlag anzubieten.
Aber war das die einzig mögliche Deutung der Ablehnungen? Barrys Interpretation dieser Schreiben hängt von seiner persönlichen Wahrnehmung seiner selbst und der Welt ab. Tatsächlich lehnten zwei der Verlage das Manuskript allein deshalb ab, weil sie schon Techno-Thriller auf der Liste der schlecht verkäuflichen Titel hatten. Eine dritte Verlegerin gab an, der Roman passe nicht in ihr Verlagsprogramm, weil sie nicht mit der Geschichte oder ihrer Hauptfigur warm geworden war. Barry wußte nichts über diese Gründe, aber seine persönliche Unsicherheit ließ ihn die Reaktion des Verlags – die mit der Qualität seines Manuskripts wenig oder gar nichts zu tun hatte – als persönliche Ablehnung verstehen, und er ließ es zu, daß diese Wahrnehmung sein ganzes Leben beeinflußte.
Wahrnehmung kann auf einseitigen, unvollständigen oder fehlerhaften Einschätzungen oder auf verborgenen Motiven und Gefühlen basieren. Und solche Fehlwahrnehmungen beeinflussen ihrerseits unser persönliches und berufliches Leben. Dr. Terry Richards, ein bekannter New Yorker Psychologe, sagt: »Achtzig Prozent der Probleme der Patienten in der Therapie lassen sich auf verzerrte oder unrealistische Wahrnehmungen zurückführen.«

Erst wenn wir erkennen, daß *wir* der Welt unsere persönliche Wahrnehmung aufprägen, haben wir die Voraussetzung dafür geschaffen, unser Leben selbst bestimmen zu können. Deshalb müssen wir als erstes lernen, die vielen Gefahren und Fallen zu meiden, die bereits unsere Sprache birgt.

Sprache und Etiketten

Bei meiner Verkaufstätigkeit wurde ich tagtäglich mit den Gefahren der Sprache konfrontiert. Ein Ehepaar im mittleren Alter, das Effekten für »riskant« und Bankkonten für »sicher« hielt, vertraute die Ersparnisse seines Lebens zu niedrigen Zinsen einer Sparkasse an, ohne auf Warnungen vor der Inflationsspirale zu hören. Zehn Jahre später entdeckten sie zu ihrer Enttäuschung, daß die Inflation die Kaufkraft ihres Geldes aufgezehrt hatte und daß sie aufgrund ihrer »sicheren« Anlage Geld verloren statt gewonnen hatten. Durch ein Etikett und infolge einer Fehlwahrnehmung gefährdete das Paar seine finanzielle Sicherheit.
Wir alle versehen Menschen und Situationen jeden Tag mit wohlfeilen Etiketten, um sie säuberlich in den Schubladen unseres Geistes verstauen zu können. Aber diese Versessenheit aufs Etikettieren und

Kategorisieren ist eine der wichtigsten Ursachen für Probleme. Es verwandelt unsere Wahrnehmung in ein Schlachtfeld und unsere Versuche, mit anderen zu kommunizieren, in einen Alptraum.
Wörter, Sprache und Etiketten sind nicht nur von akademischem Interesse. Die Art, wie wir sie verwenden, beeinflußt von Grund auf die Art, wie wir uns selbst und die Welt wahrnehmen.
Die Annahmen und Implikationen der Sprache sind Kräfte, die in hohem Maße bestimmen, wie wir denken und fühlen, wie groß unser Bankguthaben ist und wie unsere Zukunft aussieht. Wie Parasiten kriechen uns diese Annahmen unter die Haut und infizieren uns unbemerkt. Sie verführen uns zu Schlüssen, die uns selbst schaden, zu beschränkten und vorgezeichneten Reaktionen, zu einem Leben als Ausführende von durch andere vorgeschriebenen Rollen. Sie erschaffen trügerische verbale Minenfelder, die unsere Geschäfte und Beziehungen sprengen können, die uns am Herzen liegen.

Vorsicht! Die in der Sprache versteckten Annahmen können unser Verhalten und unser Leben bestimmen.

Vor einiger Zeit war ich auf einer Cocktailparty in der Upper East Side New Yorks. Mein Gastgeber, der mich nicht besonders gut kannte, machte den

Fehler, mich als Victor Dishy, Anlagenverkäufer, vorzustellen. Auf das Stichwort »Verkäufer« hin wichen die Gäste vor mir zurück, als befürchteten sie, ich würde ihnen das Geld aus den Brieftaschen zaubern. Sie machten sich nicht einmal die Mühe, herauszufinden, daß ich tatsächlich Anlagenberater war, daß ich Musik komponierte und daß ich Jahre mit dem Studium der Kommunikationstheorie verbracht hatte.

Auch ich ließ mich auf solche Annahmen ein. Als ich einem Buchhalter mit beginnender Glatze vorgestellt wurde, hatte ich sofort die klischeehafte Vorstellung, er müsse beschränkt und konservativ sein, um zu meiner Verblüffung zu entdecken, daß der Mann Poesie schrieb und Gitarre in einer Rock-'n'-Roll-Band spielte.

Etiketten sind Scheuklappen, die unser Sichtfeld und unser Verstehen einengen. Mit Vorurteilen befrachtete Wörter, festgeschriebene Bedeutungen und Wertmaßstäbe werden zu Etiketten. Denken Sie nur an Wörter wie »Kommunismus« oder »homosexuell«. Bergen sie nicht eine Vielzahl an hoch belasteten Beiklängen ober- und unterhalb ihrer eigentlichen Definition? Das liegt daran, daß Etiketten Ausdruck einer Denkweise sind, in der die Welt festgefügt und rational ist und nichts als Tatsachen, eindeutige Kategorien und säuberlich beschriftete Schubläden enthält. Wenn wir das Besondere mit dem Allgemeinen verwechseln, wenn wir Feststellungen treffen, ohne sie zu überprüfen, wenn wir das irrationale, unvorhersehbare menschliche Element ignorieren und voraussetzen, daß Wörter für alle Menschen und unter allen Umständen dasselbe bedeuten, dann erschöpft sich Kommunikation in einem mechanischen Austausch von Etiketten.

Weil eine ambitionierte junge Frau als »Sekretärin« etikettiert wird, ignoriert man ihre von Einsicht geprägten Meinungen über die Firmenpolitik und übersieht sie bei der Beförderung zu leitenden Positionen.

Weil wir eine Beziehung als »hoffnungslos« etikettieren (und somit keine Tatsache feststellen, sondern eine Reihe von Umständen beschreiben, die wir durch die Brille unserer Einschätzungen sehen), hören wir auf, schöpferisch zu denken, und stellen jeden Versuch ein, die Verbindung zu retten, die uns früher viel gegeben hat.

Weil wir uns selbst als »faul« etikettieren, nehmen wir unsere Stagnation hin und machen uns nie die Mühe, nach den eigentlichen Ursachen für unseren Mangel an Produktivität zu forschen. Die Etiketten sind in unserer Sprache vorgegeben, und sie fördern eine enge, eingleisige Weltsicht. Das Ziel der Inneren Fitneß hingegen ist, unseren Geist zu öffnen, uns unsere Möglichkeiten aufzuzeigen, unsere mentalen und emotionalen Fähigkeiten zu steigern. Zu diesem Zweck müssen wir uns bewußtmachen, wie wir Etiketten benutzen (und wie sie uns benutzen). Dadurch können wir lernen, unsere Sprache und letztlich uns selbst zu beherrschen.

Natürlich sind Etiketten und Klassifikationen, wenn sie richtig angewandt werden, wichtige Elemente unserer Denk- und Kommunikationsprozesse. Sie befähigen uns, komplexe Konzepte zu begreifen und zu vereinfachen, intelligente Berechnungen anzustellen und unnötige Wiederholungen zu vermeiden. Aber **wenn wir uns dazu verleiten lassen, nicht nur Dinge, sondern auch Menschen und menschliches Verhalten unpassend zu etikettieren, wenn wir falsch und willkürlich kategorisieren und klassifizieren, dann werden Wörter unsere Herren, anstatt unsere Werkzeuge zu bleiben.**

Unsere Besessenheit von Etiketten weist auf ein tieferes, gefährlicheres Problem hin. Indem wir annehmen, daß alles – Gedanken, Dinge, Menschen – klassifiziert und kategorisiert werden kann, verschreiben wir uns einer überrationalen, mechanistischen Weltanschauung, die uns der Menschlichkeit beraubt und unsere Gefühle, unsere Intuitionen und unsere Spiritualität herabsetzt. Eine solche Sichtweise beschränkt uns auf ein lineares Reiz-Reaktions-Denkmuster. Es lähmt unsere Imagination und unterdrückt unser schöpferisches Potential.

Wir müssen uns wieder zu unserem Fühlen bekennen, unsere Kreativität wiedererwecken und die Freuden der Wahlfreiheit wiederentdecken.

Kommunikation

Eine persönliche Angelegenheit

Mißverständnisse treten auf, wenn wir annehmen, daß Wörter immer dieselbe Bedeutung haben. Aber Wörter sind keine objektiven Informationsträger, und der Kommunikationsprozeß ist nicht so beschaffen, daß Sprecher und Zuhörer – Sender und Empfänger – die Botschaft genau gleich interpretieren.

Die Botschaft, die ich absende, hat für mich eine bestimmte Bedeutung. Ich sende sie zu einem ganz bestimmten Zweck ab und färbe sie mit meinen eigenen Gefühlen und Nebenbedeutungen ein. Sie, der Leser oder Zuhörer, empfangen die Botschaft und reagieren in Ihrem eigenen Kontext der Vorstellungen, Gefühle und Absichten auf sie. Die Botschaft liest sich oder klingt oder bedeutet für den Absender nicht genau das gleiche wie für den Empfänger. Wenn Bob und Joan übers Heiraten sprechen und er ihr sagt, daß er sie »braucht« und »will«, meint er damit unter Umständen etwas völlig anderes, als was sie darunter versteht. Der Unterschied kann in der Tat so groß sein, daß die Ehe der beiden scheitert, wenn Joan entdeckt, daß Bob eher eine Hausfrau und Mutter »braucht« als eine Kameradin und Seelengefährtin, wie sie es sich vorgestellt hatte. (Dieses Beispiel werde ich in Kapitel neun näher betrachten.)

Wir nehmen zu oft an, daß unser Wortverständnis auch das der anderen ist. Aber die meisten Wörter transportieren keine neutralen, objektiven Bedeutungen; sie sind keine unschuldigen Zuschauer bei unserem Kommunikationsprozeß. Wörter sind mit allen möglichen Nebenbedeutungen sowie moralischen und emotionalen Implikationen befrachtet.

Weshalb? Weil unsere Bemühungen um Kommunikation durch ein Sammelsurium von Vorurteilen, Gewohnheiten, Wertvorstellungen und Meinungen beeinflußt und gefärbt werden – das angesammelte Gepäck unseres Lebens. Ganz gleich, wie redlich wir uns bemühen, wir können nicht unvoreingenommen und objektiv sein. Wir bringen bei jedem Satz, den wir hören, sagen oder schreiben, und bei jeder Situation, die wir beobachten oder an der wir beteiligt sind, unser Temperament, unsere Persönlichkeit, Erfahrung und Intelligenz mit auf die Waagschale. Dies zu begreifen, hilft uns, die Kunst des Kommunizierens zu beherrschen, mit alten Gewohnheiten zu brechen und sie durch neue, wirkungsvollere Muster zu ersetzen.

Nur wenn wir die versteckten Einflüsse auf unsere Sprache aufdecken, sichten und – wo gewünscht – nutzbar machen, werden wir unser Leben von einer Zufallserfahrung in ein bewußt gestaltetes, ständig neues Abenteuer verwandeln, das uns hilft, Innere Fitneß zu erlangen.

Die Art unserer Wahrnehmung und Kommunikation von Grund auf zu verändern ist leichter, als es sich vielleicht anhört, weil wir keine neuen Verhaltensmuster entwerfen, sondern uns nur selbst wieder in Einklang mit der Natur bringen müssen. Die Lebenswerkzeuge werden uns helfen, diese grundsätzliche Veränderung in unserem Leben zu bewirken. Sie werden uns ermöglichen, unser natürliches Selbst zum Ausdruck zu bringen – jene einzigartige Spiritualität in jedem von uns. Wenn wir uns erst von selbstzerstörerischen Reaktionsmustern befreit haben, werden wir uns ganz natürlich zu dem entwickeln, was in uns angelegt ist.
Da wir uns jetzt mit einigen theoretischen Betrachtungen aufgewärmt haben, ist es an der Zeit, mit dem speziellen mentalen Training an den Geräten zu beginnen, die ich die Lebenswerkzeuge genannt habe; mit dem Jogging unserer Gefühle und dem Stretching unseres Geistes. Wenn wir über die folgenden sechs untereinander verbundenen Werkzeuge lesen und uns in ihrem Gebrauch üben, lernen wir, unsere Gefühle zu erziehen, unsere Reaktionen neu zu konditionieren und die Verbindung zu unserem spirituellen innersten Wesen wiederaufzunehmen. Dadurch finden wir wie von selbst zu einem gesünderen und erfolgreicheren Verhalten.

TEIL 2

Die Lebenswerkzeuge

Vier
Lebenswerkzeug 1
Der Tropfen Uhu

Wie viele Menschen kennen Sie, die endlos über sich selbst reden und Sie unterbrechen, um ihre Meinungen und Ratschläge an den Mann zu bringen, aber nicht daran interessiert sind, sich anzuhören, was *Sie* zu sagen haben? Wie oft haben Sie versucht, jemandem etwas zu berichten – vielleicht von einem Restaurant, das Sie eben entdeckt haben –, und wurden mit Bemerkungen der Art unterbrochen: »Das ist noch gar nichts. Lassen Sie mich Ihnen von einem Restaurant erzählen, in dem *ich* kürzlich war.« Machen wir uns nicht alle gelegentlich dieses Verhaltens schuldig? Ist es nicht erfrischend und erfreulich – und selten –, wenn jemand tatsächlich den Mund hält und uns *zuhört*; auf das reagiert, was wir sagen; über unsere Scherze lacht und auf uns eingeht, statt derart von sich selbst beansprucht zu sein, daß wir ihm gleichgültig zu sein scheinen?
Wenn wir nur lernen könnten, den Gebrauch der Wörter zu kontrollieren, so daß sie unseren zwi-

schenmenschlichen Beziehungen förderlich sind, uns helfen, Risse in unseren Verhältnissen zu Freunden und der Familie zu kitten und erfolgreich und schöpferisch zu kommunizieren. Diese Ziele ohne große Mühen zu erreichen ist der Zweck unseres ersten Lebenswerkzeugs.

Wir stellen vor

Lebenswerkzeug 1
Der Tropfen Uhu

Was ein Uhu zusammenhält, kann auch ein Bodybuilder nicht auseinanderreißen. Deshalb steht ein symbolischer, zwischen die Lippen plazierter Tropfen Uhu für das absichtliche Versiegeln unseres Mundes, wann immer wir den Eindruck haben, daß wir einen Moment lang schweigen sollten (Abb. 1).

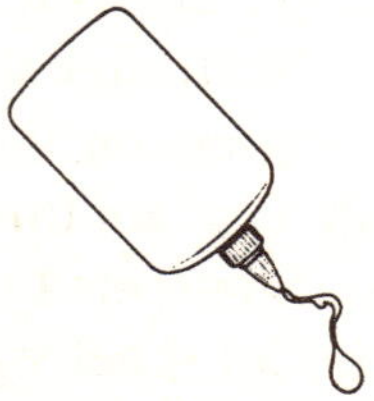

Abbildung 1: Uhu

Der Tropfen Uhu bedeutet mehr, als kurz still zu sein; er mahnt uns, damit aufzuhören, zu streiten, Annahmen zu machen und voreilige Schlüsse zu ziehen.

Es ist nicht leicht, dem Drang zu einem Wortschwall zu widerstehen, und je wortgewandter wir sind, desto schwerer ist es. Aber ebenso, wie es uns gegeben ist, unseren Mund aufzumachen und zu reden, haben wir auch die Macht, diesem Wortschwall Einhalt zu gebieten. Hören Sie, wie Sie die Luft mit Wörtern erfüllen, und stellen Sie sich vor, daß Sie einen *wirklichen* Tropfen Uhu zwischen Ihre Lippen geben. Ihre Stimmbänder mögen sich anspannen und Ihre Augen hervortreten, wenn Ihre Phantasie stark genug ist, aber Sie werden nichts sagen.

Wann benutzen wir dieses erste Lebenswerkzeug? Wenn wir im Begriff sind, einen wichtigen Entschluß zu fassen. Wenn wir uns für eine Handlungsweise entscheiden müssen. Wenn wir auf die Umwelt reagieren müssen. Wenn wir in einer Unterhaltung oder Verhandlung begriffen sind, die nicht so läuft, wie sie sollte. Wenn wir uns dabei ertappen, wie wir uns an eine Einzelheit, eine Aussage oder eine Tat klammern und ihr mehr Bedeutung beimessen, als ihr zukommt. Kurz, wir verwenden den Uhu immer dann, wenn wir die Gefahr wittern, in eine schlechte Angewohnheit zurückzuverfallen oder uns auf unser Arsenal stereotyper Erwiderungen zu verlassen, anstatt nach einer originellen oder angemesseneren Antwort zu suchen.

Verwenden Sie den Uhu, und es wird Ihnen viel Gutes einbringen. Wir ziehen nicht länger voreilige Schlüsse. Wir vermeiden irrationales Denken. Wir greifen nicht mehr zu wohlfeilen Etiketten und verstauen Menschen und Ereignisse in Schubladen. Wir stellen unser kritisches, abwägendes Selbst wieder her. Wir werden bessere Zuhörer und folglich auch bessere und überzeugendere Redner, weil wir lernen, unsere Aufmerksamkeit anderen zuzuwenden. Und das bedeutet, daß wir es nicht länger nötig haben, rasch mit dem Wort zu sein, und daß wir die Situation bewußt kontrollieren können. Wenn wir zuhören, statt zu reden, lernen wir, Informationen nicht nur mit den Ohren, sondern mit allen Sinnen aufzunehmen, und bekommen mehr über die Welt um uns herum mit. Als Folge erweitert sich unser Wissen. Ein besseres Eingestimmtsein auf andere Menschen vergrößert zudem unsere Fähigkeit, mit ihnen »auf ihrer eigenen Wellenlänge« zu kommunizieren. Auf diese Art können wir viele der Konflikte und Reibereien vermeiden, die aus Mißverständnissen und fehlerhafter Kommunikation mit unseren Mitmenschen erwachsen.

Wenn wir schweigen, verschaffen wir unseren Mechanismen zur Verarbeitung von Wahrnehmungen Zeit, festzustellen, ob alle einschlägigen Daten verfügbar sind. Es ermöglicht uns, zu bestimmen, ob die Bedeutung, die wir einer Situation beizumessen geneigt sind, adäquat ist; ob eine Handlung, die wir ins Auge gefaßt haben, klug ist; und ob wir

bei unserer Einschätzung auf der richtigen Spur sind.
Weshalb? Weil der Tropfen Uhu eine einfache, aber explosive Botschaft birgt, die Ihr Leben verändern könnte. Er mahnt Sie vor allem:

Schieben Sie Ihre Reaktionen auf.

Indem Sie diese schlichte Botschaft befolgen und Ihre Reaktionen für eine Minute, eine Stunde oder auch einen Monat aufschieben, unterbrechen Sie den Schaltkreis, der einen Wortschwall auslöst, und sind wieder mit der realen Situation verbunden. Statt nur auf die Welt zu reagieren, fangen Sie an, innezuhalten, sich umzuschauen und überlegt zu handeln. Der Tropfen Uhu bedeutet im wahrsten Sinn des Wortes eine Erfrischungspause, denn er versetzt Sie in die Lage, von vorn anzufangen und die Kontrolle über Ihre Handlungen und damit über Ihr Leben zu übernehmen.
Probieren Sie es gleich jetzt aus. Reagieren Sie nicht sofort auf meine Feststellung. Akzeptieren Sie sie nicht, lehnen Sie sie nicht ab, denken Sie sich keine Argumente für oder gegen sie aus. Konzentrieren Sie sich allein auf die Idee der verzögerten Reaktion. Dann halten Sie inne. Lassen Sie die Idee in sich einsinken. Rollen Sie sie in Ihrem Kopf umher. Ist mehr an der Idee, als Sie ursprünglich annahmen? Denken Sie an das letzte Mal, als Sie Ihre Beherrschung verloren haben. Was wäre geschehen, wenn Sie Ihre

Reaktion einfach aufgeschoben hätten, statt sogleich in die Luft zu gehen? Erinnern Sie sich an die letzte Gelegenheit, als Sie blindlings oder impulsiv gehandelt haben. Hätten Sie ebenso gehandelt, wenn Sie sich geweigert hätten, sofort zu reagieren? Denken Sie an Ihre letzte größere Entscheidung. Wären Sie zu einem anderen Schluß gelangt, wenn Sie Ihre Reaktion aufgeschoben hätten?
Was tun wir in einer Krise, wenn wir glauben, nicht die Zeit zu haben, unsere Reaktionen zu verzögern, oder uns sofort entscheiden zu müssen, um einen Vorteil wahrzunehmen? Das ist genau der Augenblick, in dem ein Aufschub am dringendsten erforderlich ist. Je hektischer und dringlicher die Situation ist, desto gelassener müssen wir werden. Da unser Gehirn mit Lichtgeschwindigkeit arbeitet, bedeutet die Verzögerung nur einen Sekundenbruchteil. Aber diese Pause kann uns genügen, unsere internen Schaltkreise zu durchbrechen und die Lage zu sondieren, unsere Chancen abzuwägen und eine angemessenere, kreativere Entscheidung zu treffen. Je mehr wir den Aufschub unserer Reaktionen üben, desto kürzer wird die Zeit, die er beansprucht.

Der Tropfen Uhu kann Ihr Leben verändern

Eine Arbeitgeberin, die so viel redet, daß sie nie auf die Einfälle ihrer Angestellten hört. Eine junge Frau, die so bescheiden und furchtsam ist, daß sie sich scheut, das Haus zu verlassen. Ein Mann, der so empfindlich und rasch bereit ist, in die Defensive zu gehen, daß er es nie lange an einem Arbeitsplatz aushält. Ein Ehemann, der so eifersüchtig ist, daß er glaubt, seine Frau hätte mit jedem eine Affäre, mit dem sie sich unterhält. Alle diese Menschen brauchen einen Tropfen Uhu.

Die meisten neurotischen Verhaltensweisen verschwänden von selbst, wenn wir lernen würden, Uhu zu verwenden und unsere Reaktionen zu verzögern.

Reaktionen aufzuschieben wird nicht alle neurotischen Muster über Nacht auslöschen, aber gewiß zielt es geradewegs auf das Zentrum des Problems. Der Uhu hilft uns aber nicht nur, unsere persönlichen Probleme zu überwinden; er ist von direktem Nutzen bei unseren beruflichen Zielen.

Ein Angestellter, den ich gefeuert hatte, kam zu mir und bat darum, wieder eingestellt zu werden. Ich war schon im Begriff, zu sagen: »Tut mir leid; ich kann nichts für Sie tun. Außerdem verstieße es gegen die Betriebspolitik, Sie wiedereinzustellen.« Da fiel mir der Uhu ein. Ich machte eine Pause, die kaum länger als eine Sekunde gedauert haben dürfte. Als ich mir den unbedeutenden Vorfall in Erinnerung rief, der zu seiner Entlassung geführt hatte, erkannte ich, daß ich mich geirrt hatte, und ich kam mir töricht vor. Ich war furchtbarer Laune gewesen und hatte aus einer Mücke einen Elefanten gemacht. Ich wandte mich an den jungen Mann und sagte: »Worauf warten Sie noch? Ziehen Sie Ihren Mantel aus und gehen Sie an die Arbeit.« Der junge Mann wurde einer meiner besten Verkäufer.

Natürlich kam es auch vor, daß ich meine Reaktion nicht aufschob und den Preis bezahlte. Diane, eine Jurastudentin, arbeitete als Verwaltungsassistentin für mich. Als sie mich eines Tages um eine verantwortungsvollere Arbeit und eine fünfzigprozentige Gehaltserhöhung bat, lehnte ich beides rundheraus ab, und sie kündigte. Ich hatte nur an meine Gehaltszahlungen gedacht und war möglicherweise von männlichem Chauvinismus angehaucht gewesen. Hätte ich den Uhu benutzt, würde ich erkannt haben, daß nicht nur Diane die Beförderung verdient hatte, sondern daß ihre Übernahme zusätzlicher Verantwortung mir selbst mehr Zeit zu anderen Spekulationen und letztlich ein höheres Einkommen verschafft hätte. Diane wurde eine erfolgreiche Anwältin, und ich hatte große Probleme, sie zu ersetzen. Es macht mir Kummer, daran zu denken, wie viele Dollars, Stunden und Schwierigkeiten es mich kostete, daß ich einmal nicht den Tropfen Uhu benutzt hatte.

Ein weiteres Beispiel. Ich war Verkaufsleiter eines großen Grundstückssyndikats. Die Firma versandte eine Informationsbroschüre an potentielle Käufer, die auf eine Postwurfsendung reagiert hatten. Als ich mich hinsetzte, um das Begleitschreiben zu der Broschüre zu entwerfen, fiel mir nichts ein. Der potentielle Kunde hatte bereits einen Brief erhalten und würde eine Broschüre bekommen. Was war noch zu sagen? Statt die Botschaft nochmals zu wiederholen, wandte ich einen Tropfen Uhu an und hielt inne. Fast ohne zu wissen, was ich tat, faltete ich einen Bogen Papier und heftete ihn mit einem Clip an die Broschüre. Außen auf den gefalteten Bogen schrieb ich per Hand: »Danke für Ihre Anfrage«, und auf der Innenseite stellte ich einen mit der Kundenwerbung betrauten Geschäftsführer vor und lud den Interessenten ein, unser Büro zu besuchen. Der unpersönliche, geschäftsmäßige Ton eines Begleitschreibens war durch eine warme, ansprechende und persönliche Note abgemildert. Ich erkannte, daß ein Begleitschreiben kein Brief sein mußte. Der Tropfen Uhu sorgte für einen außergewöhnlichen Werbeerfolg.

Der Aufschub unserer Reaktionen fördert auch das kreative Denken. Statt eine neue Situation so rasch wie möglich mit vertrauten Situationen zu vergleichen, stimmen wir uns darauf ein, auf andere, oft sogar einzigartige Lösungen zu verfallen.

Halten Sie nach Unterschieden Ausschau: Selbst ein kleiner Unterschied kann eine große Veränderung in Ihrem Leben bewirken.

Eine tiefere, spirituelle Stille

Von Zeit zu Zeit müssen wir, um mit unserem wahren Selbst in Berührung zu kommen und das »Ich wähle«-Leben zu führen, auf nonverbaler Ebene auf unsere Umwelt reagieren. Wir ahnen und fühlen, beeilen uns aber nicht, unsere Empfindungen in Worte zu fassen und mit Etiketten zu versehen. So, wie Tänzer und Sportler ihren Rhythmus und ihr Timing weitgehend ihrer Fähigkeit verdanken, ihre Atmung zu kontrollieren, hängt unser innerer Rhythmus und unser Timing von unserer Fähigkeit ab, Stille zu bewahren. Die reine Stille öffnet unsere Sinne. Sie befähigt uns, aufzunehmen, was jeder neue Tag zu bieten hat, und unser ganzes Sein zu fühlen. *Reine Stille ist das ruhige Einatmen mit allen unseren Sinnen und die Pause, die wir einlegen, bevor wir ohne Worte und Gedanken ausatmen.*

Ein leerer Geist ist der Beginn der Weisheit.

Unglücklicherweise stoßen wir auf viele Hindernisse, wenn wir uns um innere Stille bemühen. Unsere Schwäche für den verbalen Ausdruck und die für die westliche Welt typische Verliebtheit in das Wort werden von Furcht vor der Stille begleitet. Wir schwören auf Wörter als Werkzeuge zur Erklärung des Unvertrauten. Die Stille hingegen zerrt uns fort vom Sicheren, Bekannten und Voraussagbaren, fort von der trügerischen Gesichertheit des »Ich sollte«-Lebens. Sie droht, uns neue Wege des Denkens und Fühlens aufzuzeigen, die unsere derzeitigen Meinungen in Frage stellen. Stille zwingt uns, unser schwatzhaftes Ego zu läutern und auf die Kontrolle über uns selbst und andere zu verzichten. Für viele von uns ist eine solche Aussicht unerträglich; es ist viel einfacher, darüber zu *reden*, daß wir uns vom Reden lossagen, als es tatsächlich zu tun. Und doch müssen wir Wege finden, mehr reine Stille in unser Leben zu bringen. Es steht Ihnen frei, sich die Technik auszusuchen, die Ihnen am besten hilft, eine tiefe innere Stille zu erreichen: Meditation, Training sensorischer Bewußtheit – was immer bei Ihnen funktioniert.

Je besser unser Kontakt mit unserem nonverbalen inneren Selbst ist, desto lohnender und kreativer werden unsere Entscheidungen und Handlungen letztlich sein und desto mehr Freude erfahren wir.

Natürlich reicht innere Stille allein nicht aus. Das Ziel der Inneren Fitneß besteht darin, unsere Spiritualität, unsere Träume und unsere Handlungen in einer synergetischen Hochzeit zu vereinigen, die ich »Angewandte Spiritualität« nenne. Ebenso, wie reine Rationalität ohne Spiritualität unproduktiv und unbefriedigend ist, genügt die Erlangung tiefer innerer Stille nicht, wenn nicht unsere bewußten Ziele einbezogen und erreicht werden. Aus diesem Grund ist der Tropfen Uhu nur eines von sechs Lebenswerkzeugen.
Um Geschick in der Verwendung des Tropfens Uhu zu entwickeln, müssen wir sie täglich üben. Bei diesem Ziel sind die folgenden Konditionierungsübungen hilfreich.

Lebenswerkzeuge

Konditionierungsübungen

Der Tropfen Uhu

Schritt 1
Die Verwendung des Tropfens Uhu
Schieben Sie Ihre Reaktionen auf

1. Benutzen Sie das Werkzeug.
Nehmen Sie eine reale Tube Kleber in die Hand. Lesen Sie das Etikett. Stellen Sie sich vor, wie der Kleber Papier, Holz, Kunststoffe und – Ihre Lippen verbindet. Tragen Sie die Tube einen Tag lang mit sich herum, um sich einzuprägen, daß Sie Schweigen bewahren und Ihre Entscheidungen aufschieben sollen.

2. Brechen Sie mit einer schädlichen Gewohnheit.
Auch wenn es uns schwerfällt, es zuzugeben: Wir alle haben ein paar nachteilige oder neurotische Verhaltensmuster. Suchen Sie sich ein Verhalten heraus, das Sie bei sich selbst entdecken. Vielleicht kommen Sie immer zu spät zu Verabredungen oder verlegen ständig Ihre Schlüssel oder essen

zwanghaft. Wenn Sie das nächste Mal Gefahr laufen, in dieses Verhalten zu verfallen, benutzen Sie einen Tropfen Uhu und verschieben Sie die Handlung. Schweigen Sie. Achten Sie darauf, ob die verzögerte Reaktion Änderungen in Ihrem ganzen Verhalten zur Folge hat. Machen Sie diesen Versuch bei mehreren Verhaltensmustern, die Sie ändern möchten.

3. Hören Sie zu.

Wenn Sie das nächste Mal im Begriff sind, jemanden zu unterbrechen, halten Sie inne; verwenden Sie einen Tropfen Uhu und hören Sie zu. Konzentrieren Sie sich auf das, was der andere zu sagen hat. Versuchen Sie, seinen Standpunkt zu verstehen, statt ihn zu unterbrechen und ihm klarzumachen, was Sie über die Sache denken. Wenn Sie diesem Rat folgen, werden Sie feststellen, daß sich Ihre Fähigkeiten, zuzuhören und folglich auch zu kommunizieren, erheblich verbessern. Sie werden neue Freunde finden und Ihren beruflichen Erfolg steigern.

4. Zügeln Sie Ihr Temperament.

Wenn Sie das nächste Mal spüren, daß Sie kurz davor stehen, sich zu ärgern und Ihrem Temperament die Zügel schießenzulassen, versiegeln Sie Ihre Lippen mit einem Tropfen Uhu und verzögern Sie Ihre Reaktion. Atmen Sie tief. Warten Sie ab. Überlegen Sie, welche Folgen Ihr Ärger haben wird. Haben Sie einen guten Grund für Ihren Zorn, oder wollen Sie nur Ihrer Frustration Luft verschaffen? Eine kleine Pause zerstreut Ihren Ärger und hilft Ihnen, unnötige Komplikationen zu vermeiden.

5. Halten Sie Ihre durchgehenden Gedanken im Zaum.

Benutzen Sie Uhu, um irrationales und unkontrolliertes Denken zu kontrollieren. Halten Sie sich selbst davon ab, Probleme zu sehen, wo keine sind. Sie warten zum Beispiel auf einen Anruf von jemandem, der Ihnen teuer ist. Eine halbe Stunde verstreicht. Sie fangen an, zu denken, daß er oder sie nicht anrufen wird. Sie fangen an, sich Gründe dafür vorzustellen. Die betreffende Person ist verletzt, liebt Sie nicht oder hat etwas Besseres zu tun. Stopp! Verwenden Sie den Tropfen Uhu. Lassen Sie nicht zu, daß diese durchgehenden Gedanken Ihr Selbstbild zerstören. Erkennen Sie, daß es in Ihrer Macht liegt, Ihr Denken von unbegründeten Schlüssen abzuhalten.

6. Ziehen Sie keine voreiligen Schlüsse.

Sie sind schon nach einem kurzen Treffen bereit, daraus zu schließen, daß Sie jemanden nicht mögen. Benutzen Sie den Tropfen Uhu. Schieben Sie Ihr Urteil auf. Vermeiden Sie Klischees. Achten Sie auf objektive Eigenschaften der betreffenden Person, und geben Sie ihm oder ihr noch eine Chance.

7. Denken Sie über die Wendepunkte in Ihrem Leben nach.

Suchen Sie sich einen dieser Wendepunkte heraus und denken Sie noch einmal über ihn nach. Was wäre geschehen, wenn Sie damals vor einem wichtigen Entschluß innegehalten und zuerst Ihr Denken von Wörtern und Vorurteilen befreit hätten? Würden Sie anders gehandelt haben? Benutzen Sie den Tropfen Uhu, und er wird Ihnen helfen, diese Entscheidung zu analysieren und neu einzuschätzen; und er wird Ihnen bei Ihrer *nächsten* größeren Entscheidung helfen.

Schritt 2
Übung in innerer Stille

1. Starren Sie auf ein Wort.

Schreiben Sie ein Wort in Großbuchstaben auf ein Blatt Papier. Dann starren Sie dieses Wort an – konzentrieren sich auf jeden einzelnen Buchstaben –, bis es seine Bedeutung verliert und nur noch eine sinnlose Buchstabenfolge ist. Oder wiederholen Sie ein Wort laut so oft, bis es in Ihren Ohren fremdartig und bedeutungslos klingt. Indem wir den Zugriff der Wörter lösen und ihre Wirklichkeit zerstören, wird unser Denken befreit, unsere sinnliche Erfahrung angeregt, und die Verbindung zu unseren natürlichen Instinkten und unserem inneren Selbst wird enger.

2. Visualisieren Sie.

Legen Sie sich auf den Boden und schließen Sie die Augen. Atmen Sie mehrmals tief, und entspannen Sie bei jedem Ausatmen einen Teil Ihres Körpers – Kopf, Hals, unteren Rücken, Becken, Schenkel, Waden, Knöchel –, bis Sie den Druck Ihres Körpers auf dem Boden spüren. Stellen Sie sich Ihren Körper vor, wie der Boden ihn sehen würde; von einem unter der Oberfläche gelegenen Blickwinkel aus. Konzentrieren Sie sich auf dieses Bild. Es hilft Ihnen, Ihre Wörter zurückzuhalten.

3. Werden Sie wieder ein Kind.

Atemübungen, Yoga, Meditation, Zen oder welche Technik auch immer Ihnen zusagt, bringt Sie in engeren Kontakt mit Ihrem inneren Selbst und öffnet Ihnen die Ohren für die innere Stille. Versuchen Sie, sich vorzustellen, wie Sie als Kind auf Ihre Umwelt reagiert haben.

4. Stellen Sie sich der Herausforderung eines leeren Blattes Papier.

Nehmen Sie einen Bleistift, Kugelschreiber oder Wasserfarben und zeichnen oder malen Sie, was immer *Sie* wollen; malen Sie nur, was Ihnen zu malen Freude macht, ohne darüber nachzudenken, was Sie Ihrer Meinung nach malen *sollten.* Geben Sie Ihrem ästhetischen Empfinden Urlaub. Denken Sie nicht darüber nach, ob Ihr Gemälde schön oder häßlich ist, ob es einem anderen Betrachter gefallen würde oder nicht. Bringen Sie das fertig? Falls nicht, klären Sie Ihr Denken, und versuchen Sie es noch einmal. Die Fähigkeit, den inneren Richter zu beurlauben, ist eine wichtige Voraussetzung für die Innere Fitneß.

5. Nehmen Sie sinnlich wahr, ohne zu etikettieren.

Nehmen Sie sich jeden Tag fünf Minuten Zeit und konzentrieren Sie sich auf sinnliche Wahrnehmung, ohne zu etikettieren. Schließen Sie die Augen, wo auch immer Sie gerade sind, und nehmen Sie einen beliebigen Gegenstand in die Hand. Benennen Sie ihn nicht, befühlen Sie ihn nur. Nehmen Sie seine Umrisse und seine Struktur wahr. Schmecken Sie ihn. Schütteln Sie ihn und lauschen Sie ihm. Berühren Sie ihn mit den Lippen. Lassen Sie ihn über Ihre Haut gleiten. Dann öffnen Sie die Augen. Sehen Sie den Gegenstand jetzt nicht in einem neuen Licht? Ist es nicht befreiend, seine Energien nicht auf Worte und Analysen zu verwenden? Sinnliche Wahrnehmung ohne Etikettierung hilft uns, unsere Kreativität anzuregen.

6. Benutzen Sie Ihre Imagination.

Diesmal nehmen Sie einen Gegenstand nicht in

die Hand, sondern stellen sich ihn nur vor. Fangen wir mit einem Plätzchen an. Stellen Sie sich vor, ein Plätzchen in der Hand zu haben, das Sie essen wollen. Um was für ein Plätzchen handelt es sich? Visualisieren Sie seine Struktur und spüren Sie, wie es sich in Ihrer Hand anfühlt. Stellen Sie sich vor, wie Sie es in den Mund stecken. Wie riecht und schmeckt es? Fallen Krumen in Ihren Schoß? Wiederholen Sie diese Übung alle paar Tage, um Ihre Imagination und Ihre Fähigkeit zu entwickeln, ohne Worte zu denken.

7. *Fühlen Sie.*

Wenn Sie das nächste Mal die Straße hinabgehen, versuchen Sie, zu *fühlen*, wie Sie den Boden berühren. Ist Ihr Schritt leicht? Kommen Sie beim Gehen zuerst mit der Fußspitze oder mit der Ferse auf? Was sagt dieser Umstand darüber aus, wie Sie sich heute fühlen? Je mehr wir direkt mit unseren Gefühlen und Empfindungen in Berührung kommen, desto mehr Kontrolle haben wir über sie, und desto mehr erweisen sie sich als fruchtbarer Humus für produktive Entscheidungen.

Fünf
Lebenswerkzeug 2
Die Glocken

Ich erinnere mich, eines Sommers – ich war nicht älter als zehn Jahre – zum Baseballplatz der kleinen Stadt gelaufen zu sein, in der wir unsere Ferien verbrachten. Mein Louisville-Schläger hängt über meiner Schulter, der Handschuh ist daran befestigt. Ich laufe rasch wie der Wind.

Plötzlich höre ich in der Ferne einen Eisenbahnzug. Er nähert sich. Der schrille Pfiff der Lokomotive zerreißt die sommerliche Stille. Gerade als ich am Bahnübergang ankomme, schlägt die Glocke an, das rote Licht flammt auf, und die Schranke senkt sich. Ich hüpfe ungeduldig auf der Stelle. Mist! Ich bin auf der falschen Seite der Schienen gebannt. Ich muß warten!

Ich gehe vorsichtig auf die Schienen zu und werfe einen Blick auf die sich rasch nähernde Lokomotive. Obwohl ich darauf brenne, hinüberzusausen – ich bin ganz sicher, daß ich es schaffen würde –, habe ich den Klang der Glocke noch in den Ohren und erinnere mich an die Warnung meiner Mutter:

»Bleib stehen, schau nach rechts und links und achte auf die Geräusche, bevor du eine Kreuzung überquerst!« Diese Worte im Ohr, stelle ich mir vor, wie ich stolpere und falle, während ich versuche, über die Eisenbahnkreuzung zu laufen. Ich höre das Alarmpfeifen und das Quietschen der Bremsen und stelle mir vor, wie der Zug mich überollt, und sehe das vor Entsetzen verzerrte Gesicht meiner Mutter.

Unnötig zu sagen, daß ich stehenblieb, auf der Stelle trippelte und den Zug vorbeifahren ließ. Der Lokführer winkte mir zu. Die Gefahr verschwand, und die Stunden auf dem Baseballplatz waren um so schöner, weil ich die Warnzeichen beachtet hatte.

Dieses Bild aus meiner Kindheit hat mich mein Leben lang begleitet. Wir müssen, während wir aufwachsen, zahllose wichtige Entscheidungen emotionaler wie auch rationaler Art treffen – aber wer oder was warnt uns? Wäre das Leben nicht leichter und reicher an Erfüllungen, wenn uns Glocken wie die an Eisenbahnkreuzungen auf die Gefahren aufmerksam machten, die sich ergeben, wenn wir gegen unsere Natur handeln, nachteilige und unkluge Entscheidungen treffen oder uns destruktiven Gefühlen hingeben?

Nun gut, hier sind sie!

Wir stellen vor

Lebenswerkzeug 2

Die Glocken

Eine Glocke (Abb. 2) **ist ein sichtbares Symbol für die inneren Signale, die wir an uns selbst senden; die sensorischen Botschaften, die uns warnen, wenn wir in unmittelbarer emotionaler Gefahr sind oder kurz davor stehen, einen ernsthaften Einschätzungsfehler zu machen.**

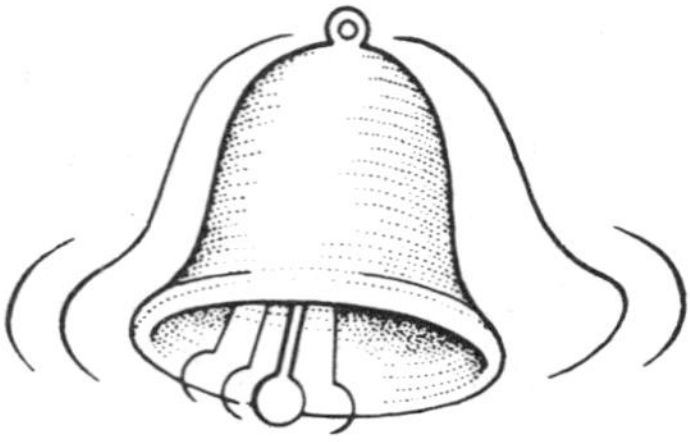

Abbildung 2: Eine Glocke

Die Aufgabe der Glocken ist es, uns vor drohenden Gefahren zu warnen; seien sie klein oder groß, persönlicher oder beruflicher Art. Die Glocken läuten, wenn ein innerer Konflikt besteht. Es ist das Geräusch, das unser Willen verursacht, wenn er versucht, sich Gehör zu verschaffen und sich in einer feindlichen Umwelt zu behaupten. Wenn wir lernen, unsere inneren Glocken zu identifizieren und auf ihr Läuten zu reagieren, lernen wir, die gefährlichen, aber oft kaum wahrnehmbaren emotionalen Fallen auf dem Weg zur Inneren Fitneß zu umgehen.

Das Läuten der Glocken

Worin bestehen die inneren Signale, und wie erkennen wir sie?

Jeder Mensch hat seine eigenen Warnsignale. Häufig sind sie körperlicher Natur. Bei mir verspannen sich die Hals- und Schultermuskeln. Bei meiner Frau Zaida verkrampft sich der Magen, und sie bekommt Sodbrennen. Bei Ihnen sind es vielleicht klopfende Kopfschmerzen. Oder Schmerzen im unteren Rücken. Oder Sie bekommen einen Schluckauf. Sie blecken die Zähne. Ihre Hände fangen an zu schwitzen. Ihre Beine zittern. Sie können Ihrem Gegenüber nicht in die Augen sehen. Sie greifen nach einer Zigarette oder einem Glas Bier.

Vielleicht läuten Ihre Glocken nicht direkt körperlich. Vielleicht fühlen Sie sich allgemein nervös oder verlieren leichter die Beherrschung. Oder Sie fühlen sich angespannt und verkrampft. Oder Sie kämpfen mit Zweifeln, Ängsten und allgemeiner

Feindseligkeit. Jeder von uns hat seine eigene innere Art, zu sagen: »Paß auf!«, »Vorsicht!« oder »Wenn das nur gutgeht!«
Diese Signale sind die stummen Stimmen unseres inneren Selbsts, die uns zurufen, wenn wir eine wichtige Aufgabe vor uns herschieben oder ihr aus dem Weg gehen wollen. Oder wenn wir im Begriff sind, etwas für uns Nachteiliges zu tun; wenn wir es nicht wagen, freiheraus zu sprechen oder uns über eine ungerechte Behandlung zu beschweren, ein rasches Gesamturteil abzugeben oder einen Fehler zuzugeben. Es werden jedesmal Signale abgesandt, wenn wir etwas zu tun im Begriff sind, von dem wir tief innen wissen, daß es nachteilig für uns ist; immer, wenn wir nicht das Beste aus dem Leben machen.
Viele von uns setzen ihre Gefühle und Intuitionen herab oder ignorieren sie sogar. Aber sosehr wir uns auch bemühen, unser Leben in rationale Pakete zu verschnüren – unsere intuitive, »weichere Seite« schafft es immer wieder, sie auszupacken. Ich sage: »Gut, lassen wir sie!« Die Glocken verkörpern das beste dieses »weicheren« inneren Selbsts. Sie helfen uns, zu unserer wahren Natur zurückzufinden, indem sie uns zeigen, wie wir unsere Kanäle wieder freimachen, mit alten Denkgewohnheiten brechen und uns einen Weg zum Selbstausdruck bahnen können.

Nur wenn wir auf unsere Intuitionen hören und nach ihnen handeln, werden wir fähig,

Denken und Fühlen zu vereinigen und zu lernen, als Gesamtpersönlichkeit zu reagieren. Bedauerlicherweise hören viele Menschen ihre Glocken nicht. Weil wir den Kontakt mit unseren Gefühlen, Werten und Wünschen verloren haben, sind wir für das Läuten unserer Glocken taub geworden. Wir hüllen uns in Rationalisierungen, Phantasien, Arbeit und was uns sonst noch einfällt, um die Warnungen aus unserem Innern nicht hören zu müssen, die uns in Berührung mit unseren Gefühlen bringen und uns zwingen könnten, uns selbst mit anderen Augen zu sehen. Oder wir lehnen unsere eigenen Instinkte und Signale so entschieden ab, daß wir lernen, sie auszufiltern, als wären sie nur lästiges Hintergrundrauschen. Die Aufgabe unseres zweiten Lebenswerkzeugs ist es, uns zu helfen, den Kontakt mit diesen inneren Warnsignalen zu erneuern und uns zu zeigen, wie man auf sie hört.

Bei Menschen, deren Leben voller Ängste, Zwänge und Sinnesüberladungen ist, können die Glocken so anhaltend läuten, daß sie lernen, den Lärm zu ignorieren und aus ihrem Denken zu verbannen. Wenn überall Gefahren lauern, ist es uns vielleicht unmöglich, eine Glocke von der anderen zu unterscheiden. Verzagen Sie nicht, wenn das bei Ihnen der Fall ist. Es verlangt Übung, die Glocken zu interpretieren, und später in diesem Kapitel finden Sie Ratschläge, wie man geschickter darin wird, die Unterschiede zwischen den einzelnen Glocken herauszuhören. Für den Augenblick brauchen wir nur festzuhalten, daß die Glocken läuten, wenn wir im Begriff sind, gegen unser *innerstes* Selbst zu handeln; und nicht, wenn wir einer *äußeren* Krise gegenüberstehen, die wir nicht kontrollieren können. Folglich muß ein Notfall, ein Angstanfall, ein Problem, das sofortige Aufmerksamkeit verlangt, nicht dazu führen, daß unsere Glocken läuten.

June steht geduldig in einer Menschenschlange im Supermarkt. Während sie im *People*-Magazin blättert, stellt sich eine Frau mit einem großen Einkaufswagen voller Lebensmittel vor sie. June raucht vor Zorn. Ihr Magen verkrampft sich. Sie flucht in sich hinein. Ihre Glocken läuten Sturm. Obwohl alles in ihr sie drängt, sich zu beschweren, redet sie sich ein, daß es keine Rolle spielt; daß es die Angelegenheit nicht wert ist, sich über sie aufzuregen. Aber ihr Herz schlägt wie rasend. Als sie nach Hause kommt, ist sie so aufgebracht, daß sie das Gemüse auf den Boden fallen läßt, zwei Flaschen Sprudelwasser zerbricht und grundlos ihren Sohn anfaucht. Wenn sie doch nur diese unverschämte Frau zurechtgewiesen hätte ...

Richard und Anne denken ans Heiraten. Sie treffen sich seit sechs Monaten, mögen einander und haben viele gemeinsame Interessen. Ihr einziges Problem ist der Sex. Er ist peinlich und unbefriedigend. Anne lebt seit ihrem achtzehnten Lebensjahr allein und hatte bereits mehrere längerdauernde

Beziehungen. Richard hingegen stammt aus einer streng religiösen Familie und hat nur beschränkte sexuelle Erfahrungen. Anne versteift sich jedesmal, wenn sie an Richards ungeschickte und unbefriedigende Liebkosungen denkt. Aber sie liebt ihn und glaubt, daß sich ihre sexuellen Probleme von selbst lösen werden, wenn sie erst längere Zeit miteinander verbracht haben. Sie ignoriert ihre Glokken – die Warnung, daß ihre sexuellen Schwierigkeiten auf eine tiefere Ursache hinweisen könnten – und heiratet Richard. Der Sex wird nicht besser. Andere Spannungen treten auf. Die Ehe hält ein knappes Jahr. Wenn sie nur auf die Warnung ihrer Glocken gehört hätte ...

Lisa arbeitet als Designerin in der Bekleidungsbranche. Sie ist eine große, attraktive Brünette und lebt allein in einem Studio-Apartment in der Upper West Side Manhattans. Sie würde gern ein größeres Apartment mieten, einen Pelzmantel kaufen, ihrer Mutter in Topeka mehr Geld schicken können. Unglücklicherweise kann sie sich nichts von alldem leisten. Obwohl sie im letzten Jahr zunehmend mehr Verantwortung bei der Arbeit übernommen hat, ist ihr Gehalt immer noch dürftig. Sie hat seit mehr als anderthalb Jahren keine Erhöhung bekommen. Sie weiß, daß ihr mehr Geld zusteht, aber sie fürchtet sich davor, die Sprache auf dieses Thema zu bringen. Sie ist der Ansicht, daß sie nicht darum bitten müssen sollte. Was ist, wenn ihre Bitte abgelehnt wird? Sie möchte sich nicht nach einem anderen Job umschauen müssen. Sie mag ihre Kollegen, die Firma und ihr Büro. Lisa hat sich so gut abgepolstert, daß sie das Läuten ihrer Glocken nicht hört. Also fährt sie mit ihrer Arbeit fort, macht sich Sorgen und schlägt sich durch, innerlich verzweifelt. Ihr Boß lehnt sich behaglich zurück; sehr zufrieden damit, daß sie sich für ihn um einen Hungerlohn abrackert. Wenn sie nur den Mund aufgemacht und ihre Ohren und ihr Herz für die Botschaft der Glocken geöffnet hätte ...

Wie steht es mit Ihren Glocken?
Haben Sie ein unbeständiges Temperament? Hören Sie keine Warnsignale, die Ihnen sagen, wann Sie kurz vor der Explosion stehen?
Haben Sie einen Angestellten, der spät kommt, früh wieder geht und nie da ist, wenn Sie ihn brauchen? Übersehen Sie die unmißverständlichen Zeichen seiner Inkompetenz, weil Sie die unerfreuliche Aufgaben scheuen, ihn zu feuern?
Besitzen Sie Aktien, die in der letzten Woche um zehn Punkte gefallen sind? Schlagen Sie den Rat Ihres Brokers, Ihrer Ehefrau und Ihrer inneren Glocken in den Wind, weil Sie den Verlust nicht hinnehmen wollen und wider besseres Wissen hoffen, daß die Aktien wieder steigen?
Stolpern Sie plötzlich über Gegenstände, schneiden Sie sich in die Finger, laufen Sie gegen Möbel? Versucht Ihr Körper, Ihnen etwas mitzuteilen?

Wir alle haben innere Warnsignale. Ein wichtiger Schritt zur Inneren Fitneß besteht darin, sich selbst dazu zu konditionieren, solche Stichworte des Körpers aufzunehmen und diese Glocken laut und deutlich zu hören.

»Sicher; ja, ich erkenne die Glocken«, sagen Sie vielleicht. »Interessante Sache. Das heißt aber nicht, daß ich immer darauf hören kann. Jeder wünscht sich, er könnte nach seinem Gefühl handeln; aber wer tut es schon?«

Natürlich haben Sie recht. Die Glocken nur zu hören ist bei weitem nicht genug. So, wie ein Verkaufsrepräsentant, der ohne Scheck in der Tasche zurückkommt, nur ein gewandter Gesprächspartner ist, werden wir reine Zuschauer bei unserem Leben, wenn wir unsere inneren Signale hören, ohne uns nach ihnen zu richten. Um Innere Fitneß zu erlangen, müssen wir deshalb auf die Warnungen der Glocken *achten* und uns selbst dazu konditionieren, auf sie zu *hören*. Weshalb? Weil wir immer, wenn unsere Glocken läuten, einen Moment der Wahrheit erleben. Ihr Läuten zwingt uns zu der Frage: Glaube ich stark genug an mich selbst, um nach meinen Instinkten zu handeln?

Wir wurden von Kindheit an dazu abgerichtet, unseren Instinkten nicht zu trauen. Man erwartet von uns, daß wir einen rein logischen, rationalen Grund für jede erwogene Handlung vorbringen können. »Nur aus einem Gefühl« oder einer Laune heraus zu handeln spricht weder für unsere Reife noch für unsere Intelligenz. Und doch sind unsere natürlichen inneren Signale – obwohl sie sich nicht immer rational begründen lassen – weise genug, uns in potentiell gefährlichen Situationen hellhörig zu machen. Sie leiten uns, wenn wir kalkulierte Risiken auf uns nehmen und uns auf Wahrscheinlichkeiten einlassen.

Vom Augenblick der Geburt an sind wir in einen Kampf der Wünsche verwickelt, der unser Leben lang andauert. Wenn wir uns ergeben, uns für Konformität und Anpassung entscheiden und ein »Ich sollte«-Leben führen, vertun wir die Chance, die emotionale Stärke zu erlangen, die wir benötigen, um nach unseren Instinkten zu handeln. Wir machen aus der Passivität eine Tugend. Was wir tun sollten, ist, unsere emotionalen Muskeln zu entwickeln und täglich unseren Glauben an uns selbst stärken – nicht, weil uns das jemand sagt, sondern weil es in unserem eigenen Interesse ist.

Der Schlüssel zu den Glocken

Wissen ist nicht genug

Der menschliche Körper ist bereits mit einem Reflexsystem ausgestattet, das uns befähigt, physische Gefahren zu vermeiden. Wenn unsere Hand mit Feuer in Berührung kommt, ziehen wir sie automatisch – ohne darüber nachzudenken – zurück. Wenn jemand nach unserem Unterleib tritt, bedecken wir ihn instinktiv mit den Händen, um ihn zu schützen. Wenn ein Wagen auf uns zugefahren kommt, springen wir beiseite. Unsere natürlichen Verteidigungsmechanismen münden in eine einzige, konditionierte Reaktion zu unserem Selbstschutz.

Eine drohende Gefahr löst eine rasche Handlung aus; aber wir ignorieren beharrlich Bedrohungen unseres emotionalen und mentalen Wohlergehens. Um dieses Fehlverhalten zu korrigieren und Innere Fitneß zu entwickeln, brauchen wir ein Frühwarnsystem, das uns bei schwächendem Streß und vor den emotionalen Fallen des modernen Lebens alarmiert – den lähmenden Anspannungen und unerfüllten Bedürfnissen, die unsere Beziehungen zu anderen, unsere Karrieren und unser Privatleben gefährden. Diese Stolpersteine hindern uns daran, ein erfülltes und schöpferisches Leben zu führen.

Die Glocken, unser zweites Lebenswerkzeug, sind genau dieses Frühwarnsystem. Sie gehören zu unserem ausgeklügelten inneren Kommunikationsnetz, das uns informiert, wann Gefahren zu vermeiden sind, wann wir schlafen oder essen müssen, wann wir Urlaub brauchen, wann wir von einer Sache zu viel oder nicht genug hatten.

Die Entdeckung der verborgenen Macht der Glocken

Worin besteht das Geheimnis, wie man ein unbestimmtes Gefühl »in den Eingeweiden« in ein verläßliches Verhaltensmuster umsetzt?
Das Geheimnis besteht in folgender Erkenntnis:

Die Glocken zu überhören ist lebensgefährlich.

Das mag wie eine Übertreibung klingen, aber es entspricht der Wahrheit. Stellen Sie sich die Glokken als die Warnung eines Arztes in Ihrem Kopf vor.
Wenn wir *nicht* auf unsere Glocken hören, internalisieren wir Ärger und Frustration und setzen unsere geistige und körperliche Gesundheit aufs Spiel. Wir machen uns selbst krank, indem wir Ersatzsymptome für Handlungen entwickeln – Beklemmungen, Streß oder Depression. Wir geben uns selbst die Schuld. Wir werden apathisch und reizbar. Wir sind Gefangene im Treibsand des »Ich sollte«-Lebens. Die Botschaft der Glocken ist eindeutig: Handle jetzt – oder leide später!
Richten wir uns nicht nach den inneren, nonverbalen Anzeichen, die uns vor Gefahren in unserer Arbeit, unseren Investitionen und unseren Beziehungen zu anderen warnen, so gefährden wir

unsere Lebensqualität und unser Leben selbst. Hören wir nicht auf die inneren Stimmen, die unseren Wunsch nach künstlerischem Ausdruck oder beruflicher Erfüllung hinausschreien, so verdammen wir uns zu einem langweiligen, schmerzerfüllten Leben, in dem wir unsere Kräfte und unser Potential verschwenden.

Die Fehler, die wir machen, weil wir uns weigern, unsere inneren Signale zur Kenntnis zu nehmen und uns nach ihnen zu richten, sind ebenso lebensbedrohend wie eine körperliche Gefahr. Wenn wir dies in den Eingeweiden spüren, fühlen wir uns endlich veranlaßt, zu handeln. Unser natürlicher Selbsterhaltungstrieb läßt nicht zu, daß wir tatenlos zuschauen.

Weshalb? Weil wir uns, wenn wir auf die Glocken reagieren, in den angeborenen Selbsterhaltungsmechanismus einschalten, der oft als »Angriffs- oder Fluchtverhalten« bezeichnet wird.

Eine emotionale Fehlfunktion stellt eine reale, lebensbedrohende Gefahr dar. Stellen Sie sich vor, wie es Ihnen später ergehen wird, wenn Sie weiterhin eine verhaßte Arbeit ausführen, eine unglückliche Beziehung fortsetzen, ein ungeliebtes Leben erdulden. Je lebendiger Sie sich ausmalen, was geschehen wird, wenn Sie *nicht* auf Ihre Glocken hören, desto stärker wird Ihre Furcht vor dem *Nicht*-Handeln auf Kosten der Furcht vor dem Handeln werden. Denken Sie daran, was geschieht, wenn Sie einem Spitzenverkäufer erliegen und

Dinge kaufen, die Sie eigentlich gar nicht haben wollten. Oder wenn Sie den ersten Anzeichen von Streit mit Ihrem oder Ihrer Geliebten nicht entgegenwirken.
Ich empfehle Ihnen hier nicht, loszustürmen und jedem flüchtigen Einfall nachzugeben, der Ihnen in den Sinn kommt. Instinkte müssen sorgfältig erwogen werden. (Obwohl ich glaube, daß wir mehr lernen würden und im Endeffekt klüger wären, wenn wir nur die Wahl hätten, entweder jeder Laune zu folgen oder jedem Risiko aus dem Weg zu gehen.) Manchmal nehmen wir vielleicht sogar Risiken auf uns, um unsere Seelen zu retten, oder wir setzen unser Leben aufs Spiel, um unsere Prinzipien nicht zu verraten. Ich plädiere jedoch für den Glauben, daß es körperlich und seelisch unerläßlich ist, klug nach unseren Instinkten zu handeln.

Die Verwandlung der Glocken in Lebenswerkzeuge

Wie verwandeln Sie Ihre inneren Glocken in Lebenswerkzeuge?

Durch tägliche Übung.

Wir alle haben schon einmal die Redensart gehört: Sterben und Steuern zahlen muß der Mensch überall. Meiner Ansicht nach gibt es noch ein Drittes: Überall bringt jeder Tag Probleme mit sich. Irgend jemand oder irgend etwas irritiert uns unfehlbar oder regt uns auf. Wir wollen diese täglichen Irritationen dazu benutzen, unsere emotionale Festigkeit zu stärken.

Ich bezeichne diese kleinen Störungen als die Kleinen Glocken. Im allgemeinen ist es leicht, mit ihnen umzugehen; es erfordert nur ein wenig Selbstsicherheit und eine geringe Willensanstrengung ohne größere gefühlsmäßige Beteiligung. Die Folgen sind unbedeutend und leicht in den Griff zu bekommen.

Sie erhalten die Rechnung vom Installateur und lesen: 800 DM! Das ist das Doppelte des Kostenvoranschlags. Kauen Sie nicht daran herum. Rufen Sie den Klempner an. Sprechen Sie es aus. Sagen Sie ihm, daß Sie empört sind. Weigern Sie sich, mehr als den veranschlagten Betrag zu bezahlen.

Ein Taxifahrer ist unhöflich zu ihnen. Sagen Sie es ihm. Reden Sie es sich von der Seele.

Sie sitzen in einem Restaurant. Eine Frau am Nebentisch raucht, und Sie sind allergisch gegen Zigaretten. Bitten Sie die Frau, ihre Zigarette auszumachen. Oder lassen Sie sich einen anderen Tisch geben. Unternehmen Sie etwas Positives; es muß keine große Sache sein.

Sie schieben es schon seit Wochen vor sich her,

Ihre Mutter anzurufen. Zögern Sie es nicht länger hinaus. Rufen Sie sie an. Sie werden sich danach besser fühlen. Ihr Geist wird befreit sein.

Sie haben sich um einen neuen Job beworben und waren der Meinung, alles sei besprochen worden. Aber als Sie den Vertrag bekommen, entdecken Sie, daß Sie den Titel eines »Managers« statt wie erwartet den eines »Direktors« führen. Schlucken Sie es nicht. Und sagen Sie nicht, daß es keine Rolle spielt. Bestehen Sie auf Klärung. Verlangen Sie, daß der Vertrag entsprechend abgeändert wird.

Die Kleinen Glocken können auch läuten, wenn wir die Irritation und den Konflikt fühlen, die durch Unterdrückung eines spontanen Verlangens entstehen.

Sie wachen am Morgen auf und fühlen sich einfach nicht danach, arbeiten zu gehen. Obwohl Sie wissen, daß es ein gemächlicher Tag wird und man Sie nicht sehr vermissen wird, finden Sie es nicht richtig, anzurufen und sich krank zu melden. Ihre Kleinen Glocken läuten. Gönnen Sie sich einen freien Tag. Geben Sie sich nach! Rufen Sie an und melden Sie sich krank. Genießen Sie die Freiheit. Auf lange Sicht kommt es Ihrer mentalen Gesundheit *und* Ihrer Produktivität zugute.

Sie sehen in einem Schaufenster ein wunderhübsches Paar Ohrringe. Sie passen perfekt zu Ihrem neuen Herbstkostüm. Eigentlich können Sie sich den Schmuck nicht leisten; er ist im Budget nicht vorgesehen. Ihre Kleinen Glocken läuten. Fassen

Sie sich ein Herz und kaufen Sie die Ohrringe! Machen Sie sich ein Geschenk. Es wird Ihrem Selbstbild und Ihrem Selbstvertrauen guttun. Sie können das Geld bestimmt an anderer Stelle einsparen.

Wenn wir uns dazu konditionieren, rasch und entschieden auf unsere Kleinen Glocken zu reagieren, bereiten wir den Weg zu einer neuen Verhaltensweise, dem wir immer leichter folgen können. Jedesmal wenn wir auf unsere Glocken hören, verringern wir den Widerstand bei folgenden Gelegenheiten. Jedesmal wenn wir die Glocken überhören, sind wir dem Zusammenbruch unseres natürlichen Reaktionssystems einen Schritt näher und sinken ein wenig tiefer in den Morast des »Ich sollte«-Lebens. Konditionieren wir uns zum Handeln, steigern wir unsere persönliche Integrität und gewinnen die Kontrolle über unser Leben. Nichts – nicht einmal Geld – ist lohnender als Selbstachtung.

Einstimmung in die Glockentypen

Glocken klingen verschieden. Das sonore Dröhnen der Großen Glocken kündet von der Gefahr, daß wir einen ernsthaften Fehler im Leben begehen. Das Klingeln der Kleinen Glocken warnt vor den geringeren Irritationen, denen wir täglich ausgesetzt sind. Es gibt so viele Glockentypen, wie es Menschen gibt. Wir können unser Gehör für den Klang unserer eigenen Glocken schärfen, indem wir uns die verschiedenen Glockentypen bewußtmachen. Aus meiner Erfahrung – die ich mir dadurch erwarb, daß ich mich mit Hunderten von Menschen unterhielt und Innere-Fitneß-Workshops abhielt – gelang es mir, die wichtigsten Glokkentypen aufzulisten. Sie stehen für Warnungen vor gefährlichen Situationen, die Handeln erforderlich machen. Wenn wir diese wichtigsten Glokken unterscheiden und auf sie zu hören lernen, sind wir auf dem Weg zur Beherrschung dieses zweiten Lebenswerkzeugs ein ganzes Stück fortgeschritten.

1. Die Sechster-Sinn-Glocken

Die Sechster-Sinn-Glocken befinden sich auf einer Ebene unterhalb des bewußten, rationalen Denkens. Sie läuten, wenn wir ein gutes oder schlechtes »Gefühl« in bezug auf eine bestimmte Sache oder einen Menschen haben. Wir können dieses Gefühl weder begründen noch in Worte fassen. Wir treffen jemanden zum ersten Mal und empfinden sogleich Abneigung gegen ihn. Wir sehen ein Foto von einem Haus und verlieben uns darin. Wir bewerben uns um einen neuen Job, der zwar weniger gut bezahlt wird, bei dem wir aber das Gefühl haben, daß er uns mehr zusagt. Diese Gefühle oder Instinkte kommen aus unserem Innern. Sie sind oft authentischer, heilsamer für uns als unsere bewußten, rationalen Eindrücke. Wenn sich etwas falsch oder richtig »anfühlt«, sollten wir unserem sechsten Sinn trauen und auf dieses Gefühl hören. Letztlich ist unsere Intuition ein geschultes Urteil. Sie kommt nicht aus dem Nirgendwo. Sie basiert auf einer computerartigen Bewertung unserer früheren Erfahrungen, die in einer internen Ad-hoc-Beratung stattfindet und an der alle unsere Geisteskräfte beteiligt sind.

Auf diese Glocke zu hören bedeutet nicht, daß wir kopflos voranstürmen. Es heißt nicht, daß wir auf jede Analyse der Folgen einer Handlung, die wir vorhaben, verzichten sollen. Aber wir dürfen nicht zulassen, daß unsere Analyse zu einer rationalen Begründung unserer Untätigkeit führt.

2. Die Kopf-in-den-Sand-Glocken

Die Kopf-in-den-Sand-Glocken schlagen immer dann, wenn wir versuchen, die Realität zu leugnen, uns unseren Pflichten zu entziehen oder uns aus der Verantwortung zu schleichen.

Erinnern Sie sich an Annes Leugnung ihrer sexuellen Probleme mit Richard. Stellen Sie sich eine Schauspielerin vor, die ein scheinbar unwichtiges

Detail übergeht, das vielleicht den Schlüssel zur glaubhaften und beeindruckenden Darstellung eines Charakters birgt.

3. Die Unerledigte-Dinge-Glocken

Die Unerledigte-Dinge-Glocken ertönen, wenn wir etwas aufschieben, das wir tief innen gern tun möchten. Denken Sie an einen Mann, der sich insgeheim danach sehnt, Gitarre zu spielen, diesem Wunsch aber nie nachgibt. Oder einen Mann, der gern eine Beziehung zu einer Frau anknüpfen würde, die er interessant und attraktiv findet, aber zu schüchtern ist, um sie anzusprechen und um eine Verabredung zu bitten.

4. Die Ich-bin-gefangen-Glocken

Die Ich-bin-gefangen-Glocken läuten, wenn wir uns körperlich oder gefühlsmäßig eingesperrt fühlen. Denken Sie an Ralph, den Verkaufsleiter, und Mary, die Sekretärin, aus Kapitel zwei, die in ihren begrenzten Wahrnehmungen gefangen waren. Diese Glocken ermahnen uns, etwas zu unternehmen. Die gefährlichste Reaktion auf das Gefühl, gefangen zu sein, ist Nichtstun.

5. Die Äußere-Gewalt-Glocken

Die Äußere-Gewalt-Glocken mahnen uns, anderen nicht blind zu trauen, sondern unsere eigenen Schlüsse zu ziehen. Ihr Rat lautet, daß wir uns nicht von den Versicherungen oder der Arroganz sogenannter Experten einschüchtern lassen sollen. Sie raten uns, nicht zuzulassen, daß Autoritätspersonen (Eltern, Ärzte, Anwälte oder Freunde) Entscheidungen für uns treffen. Sie mahnen uns, für uns selbst einzustehen und darauf zu achten, daß wir nicht übervorteilt werden.
Ihre Eltern drängen Sie, auf die Universität zu gehen. Sie wollen sich weiterbilden, aber Sie wissen, daß Sie noch nicht soweit sind. Ihre Äußere-Gewalt-Glocken läuten.
Sie nehmen an einer Party teil. Jemand bietet Ihnen Kokain an. Sie wollen nicht, aber Ihre Freunde drängen Sie, es zu versuchen. Sie hören auf Ihre Glocke und bleiben hart.

6. Die Persönliche-Schwäche-Glocken

Jeder von uns hat eine Schwäche; eine private schlechte Angewohnheit; eine Achillesferse. Einige Menschen können nicht nein sagen. Andere werden rasch zornig. Manche sind zu ungeduldig oder zu bescheiden. Wieder andere sind träge. Wann immer Ihre private Schwäche angesprochen wird, hören Sie auf Ihre Persönliche-Schwäche-Glocken. Unterdrücken Sie bewußt Ihre Neigung, wie gewohnt zu reagieren.

7. Die Persönliche-Moral-Glocken

Wenn wir im Begriff sind, zu lügen, zu stehlen oder zu betrügen oder unseren moralischen Imperativ zu mißachten, spüren wir, wie sich unser Gewissen rührt. Das ist der Klang unserer Persönliche-Moral-Glocken. Wenn wir ihn überhören, mag uns das einen kurzfristigen Vorteil einbringen, aber auf längere Sicht ist unser Verlust ungleich größer. Einige Menschen haben gelernt, das Läuten dieser Glocke zu dämpfen. Aber wenn wir die Persönliche-Moral-Glocken dämpfen, betrügen wir uns selbst und verletzen unser spirituelles Selbst. Eine derart destruktive Handlungsweise hat eine zunehmende körperliche und geistige Unruhe zur Folge.

8. Die Semantischen Glocken

Unsere Semantischen Glocken läuten, wenn wir Zweifel bezüglich der Bedeutung oder Interpretation eines Wortes haben. Wörter sind manchmal gefährlich, weil sie uns verführen können, das Allgemeine mit dem Besonderen zu verwechseln. Dann deuten wir Details hinweg, übersehen Fein-

heiten und Beziehungen und verschließen unsere Augen vor der wirklichen Welt.
Heathers Traum war, den Menschen zu helfen. Sie beschloß, Krankenpflegerin zu werden. Bedauerlicherweise ist »Pflege« ein sehr allgemeiner Begriff, der Heather nichts über die Praxis der Krankenpflege sagte – die viele Routinearbeit, die starke Belastung, den raschen Wechsel von ruhigen und sehr hektischen Zeiten, die Sturheit der Krankenhausverwaltung und die entmutigende Rücksichtslosigkeit, mit der sie Ärzte und Patienten behandelten. Hätten Heathers Semantische Glocken angeschlagen, würde sie »Pflege« nicht mit dem Tagesablauf einer Krankenpflegerin verwechselt haben. Statt dessen hätte sie einen Tropfen Uhu auf ihre Lippen gegeben, innegehalten und sich mit der Realität des Pflegens statt mit ihrem Krankenpflegertraum befaßt. Sie würde einen Sommer lang als Krankenhausvolontärin gearbeitet und Erfahrungen gesammelt haben, bevor sie die Krankenpflege zu ihrem Lebensberuf gemacht hätte. Dann hätte sie auf eine solide Anschauung zurückblicken und eine kluge Entscheidung treffen können.

Machen Sie sich keine Sorgen, wenn Ihre Glocken nicht richtig funktionieren. Sie klingen nur gedämpft, weil sie jahrelang überhört wurden. Das läßt sich natürlich nicht über Nacht beheben. Sie müssen Zeit und Mühe aufwenden. Aber ebenso, wie Trainieren und gesunde Ernährung uns hilft, das körperliche Wohlbefinden zurückzugewinnen, stellt die Arbeit mit den Lebenswerkzeugen die Verbindung mit unseren Instinkten wieder her und bringt uns in Einklang mit unserem Denken und Fühlen. Und das ist der Augenblick, in dem die Konditionierungsübungen ins Spiel kommen.

Lebenswerkzeuge

Konditionierungsübungen

Die Glocken

Schritt 1
Hören Sie Ihre Glocken

1. Lauschen Sie den Glocken.
Wie empfinden Sie das Läuten Ihrer Glocken? Als hohles Gefühl in den Gedärmen? Eine Anspannung Ihrer Halsmuskeln? Ein Gewicht auf den Schultern? Ein allgemeines Unbehagen oder grundlose Ängstlichkeit? Notieren Sie sich schriftlich, wie sich emotionaler Streß und innere Konflikte bei Ihnen gefühlsmäßig manifestieren.

Wenn Sie diese Gefühle beim nächsten Mal haben, halten Sie inne. Denken Sie daran: Unser Körper spricht zu uns. Lernen Sie, ihm zuzuhören.

2. Fragen Sie einen Freund.
Wenn Sie Schwierigkeiten haben, Ihre Glocken zu hören, fragen Sie Ihre Frau (Ihren Mann) oder einen guten Freund, ob Sie bei Streß eigentümliche Verhaltensweisen zeigen und welcher Art sie sind. Was jemand sagt, der Ihnen nahesteht, kann Ihren Geist anregen und Ihnen helfen, Ihre Auslöser zu erkennen.

Schritt 2
Bestimmen Sie Ihre Glocken

1. Werfen Sie einen Blick auf die Liste der häufigsten Glockentypen.
Bestimmen Sie, welche davon Ihnen die größten Probleme bereiten. Geben Sie sich selbst Punkte von eins bis zehn für Ihre Fähigkeit, wirkungsvoll auf jede dieser Glocken zu reagieren.

2. Listen Sie die Persönliche-Schwächen-Glokken (Nummer 6) auf, die für Sie besonders wichtig sind.

Gibt es einen Bereich, in dem Sie besondere Schwierigkeiten haben, einen Auslöser, eine typische Situation, die bei Ihnen immer zu Konflikten führt? Geben Sie jeder Ihrer persönlichen Glocken einen leicht zu merkenden Namen: zum Beispiel die »Ich-kann-keine-Kritik-vertragen-Glocke«, die »Ich-bin-ein-Streithammel-Glocke« oder die »Ich-bin-so-scheu-Glocke«.

Schritt 3
Wie Sie nach Ihren Glocken handeln

1. Üben Sie, auf Ihre Kleinen Glocken zu hören.

Fangen Sie noch heute damit an, machen Sie jeden Tag der nächsten Woche weiter, tun Sie etwas, was Sie schon lange tun wollten. Sprechen Sie sich aus. Geben Sie einer Laune nach. Stellen Sie sich einer kritischen Situation, statt sie verstreichen zu lassen und dann frustriert zu sein. Nehmen Sie ein kleines Risiko auf sich. Recken Sie Ihre emotionalen Muskeln und bekommen Sie ein Gefühl dafür.

2. Erkennen Sie Ihre Sechster-Sinn-Glocken (Nummer 1) und handeln Sie nach ihnen.

Handeln Sie nach einem Gefühl, ohne es zu analysieren. Folgen Sie Ihrem Gespür. Lassen Sie sich überraschen, wohin es Sie führt!

3. Hören Sie jeden Tag auf eine andere Glocke. Widmen Sie jeder Glocke einen vollen Tag lang Ihre Aufmerksamkeit. Wenn Sie schüchtern sind, üben Sie, sich auszusprechen. Wenn Sie sich vor einer kleineren unerfreulichen Aufgabe gedrückt haben, erledigen Sie sie. Langweilt Sie eine Arbeit, übernehmen Sie eine neue Aufgabe. Dann wenden Sie sich einer anderen Glocke zu und befassen Sie sich einen ganzen Tag lang mit ihr. Scheuen Sie keine Mühe, um das Handeln nach Ihren inneren Signalen einzustudieren.

4. Brechen Sie mit einer Gewohnheit. Angenommen, Sie haben heute oder morgen abend freie Zeit. Lassen Sie den Fernseher ausgeschaltet und nehmen Sie eine Arbeit in Angriff, die Sie schon seit einer Weile vor sich herschieben. Schreiben Sie einen Brief, lesen Sie ein Buch, befassen Sie sich mit einem Projekt, gehen Sie ins Theater. Träumen Sie davon, ein Schriftsteller zu sein? Hören Sie auf zu träumen. Schreiben Sie tausend Wörter am Tag! Wollten Sie schon immer eine Schauspielerin sein? Belassen Sie es nicht bei diesem Wunsch. Tragen Sie sich für den Schauspielunterricht ein. Hören Sie auf Ihr innerstes Selbst. Verschieben Sie es nicht länger. Nicht auf sein inneres Selbst zu hören ist gleichbedeutend mit seelischem Selbstmord. Wenn Sie sich dazu konditionieren, zu handeln, sind Sie auf dem Weg zur Inneren Fitneß und zum »Ich wähle«-Leben.

5. Halten Sie Rückschau und stellen Sie fest, welche Glocken Sie früher überhört haben.

Gab es eine wichtige Gelegenheit, bei der Sie gegen Ihre Natur oder Ihr besseres Wissen gehandelt haben? Welche Signale haben Sie überhört? Wie würden Sie handeln, wenn Sie heute in der gleichen Lage wären? Wie wäre Ihr Leben verlaufen, wenn Sie damals anders gehandelt hätten? Verwenden Sie bei der Analyse Ihrer damaligen Entscheidung die Glocken und den Sekundenkleber. Wenn Sie das nächste Mal das Läuten Ihrer Glocken vernehmen und im Begriff sind, es zu ignorieren, benutzen Sie den Sekundenkleber. Halten Sie inne. Rationalisieren Sie nicht. Entscheiden Sie, ob Sie Ihre inneren Signale auch diesmal überhören wollen.

6. Stellen Sie sich der Gegenwart.

Denken Sie über Ihre gegenwärtige problematische Situation nach. Was wird geschehen, wenn Sie *nichts* unternehmen? Wie werden Sie sich fühlen, wenn Sie nichts tun oder sagen? *Visualisieren* Sie die Folgen, die es hat, wenn Sie Ihre Glocken überhören.

Sechs
Lebenswerkzeug 3
Die Punkte im Kreis

Es war immer eine aufregende Angelegenheit, wenn ich bei Paul Stuart, einem eleganten Herrenbekleidungsgeschäft auf der Madison Avenue in New York City, einkaufen ging. Einmal im Jahr beschloß ich, mir einen solide gefertigten Anzug zuzulegen. Ich bemühte mich um die richtige Wahl aus einem überreichlichen Angebot. Ich probierte einen Anzug nach dem anderen an. Welch ein Dilemma! Was war mein Problem? Wonach hielt ich Ausschau?

Eigentlich wußte ich das genau. Ich erwartete, daß mich ein perfekter Anzug anspringen und rufen würde: »Hier bin ich. Ich bin der richtige!« Da solche Dinge nur in Märchen geschehen und ich nicht genug Geld hatte, um *alle* Anzüge zu kaufen, konnte ich mich nicht entscheiden. Je länger ich die Anzüge betrachtete, desto schwerer wurde mir die Wahl und desto leerer kamen mir die Stangen vor. Allmählich hatte ich den Verdacht, daß hier nicht das Richtige für mich zu finden war. Aber ich konnte nicht aufhören, die Anzüge anzustarren und zu versuchen, eine Wahl zu treffen. Schließlich verlor der Verkäufer die Geduld. Er nahm einen Nadelstreifenanzug von der Stange und sagte bestimmt: »Dieser ist der richtige für Sie, Sir.« Von der Erbitterung in seiner Stimme eingeschüchtert, akzeptierte ich seine Wahl. Aber schon an der Kasse beäugte ich verstohlen einen Kunden in einem stattlichen englischen Cutaway und dachte, ein Cut würde mir doch besser stehen als der Nadelstreifenanzug.

Wir sagen, das läge in der menschlichen Natur. Wir suchen nach der perfekten Lösung, können uns nicht entschließen, überlassen die Entscheidung schließlich einem anderen – und werden nie richtig glücklich mit ihr. Oder wir verengen als vermeintliche Opfer der Umstände unseren Blickwinkel und sehen überhaupt keine akzeptable Lösung. Wir starren auf ein riesiges Angebot und sehen nichts. In beiden Fällen vermeiden wir ängstlich, die volle Verantwortung zu übernehmen, und verschließen die Augen vor der Wahlfreiheit.

Aber das entspricht *nicht* der menschlichen Natur, und es ist *nicht* der Weg zur Inneren Fitneß. Wir haben immer mehr Möglichkeiten, als wir glauben. Wenn wir aus Furcht oder Neid nicht handeln oder wenn wir uns scheuen, etwas zu wagen und unseren eigenen Instinkten zu trauen, leben wir so, als hätten wir tatsächlich keine Wahl. Wir lassen zu, daß äußere Mächte uns manipulieren, und sind in einem »Ich sollte«-Leben gefangen. Um uns zu befreien, müssen wir erkennen, in welchem Umfang wir über unsere Möglichkeiten bestimmen.

Wenn wir unsere Perspektive leicht verändern, können wir auf einem einzigen Verkaufsständer nicht nur einen, sondern viele hübsche Anzüge entdecken. Der, den wir auswählen, wird zu dem, den wir suchten; einfach deshalb, weil wir ihn erwählt haben. Weshalb? Weil die Besonderheit in uns selbst begründet ist, nicht in den Anzügen. Ich hätte mit einem beliebigen Anzug aus dem Angebot Paul Stuarts glücklich sein und gut in ihm aussehen können.

Es ist wichtig, daß wir uns unsere Wahlfreiheit bewußt machen, wenn wir unsere Individualität behaupten und unser Leben kontrollieren wollen. Ein befreiendes und machtvolles Gefühl unserer persönlichen Freiheit ist in jedem Aspekt des Innere-Fitneß-Programms immanent. Aber diese Botschaft ist so wichtig, daß ihr ein eigenes Lebenswerkzeug gebührt.

Wir stellen vor

Lebenswerkzeug 3

Die Punkte im Kreis

Die Punkte im Kreis (Abb. 3) **sind das Symbol dessen, was ich *das Wissen um die Wahlmöglichkeiten* nenne.**

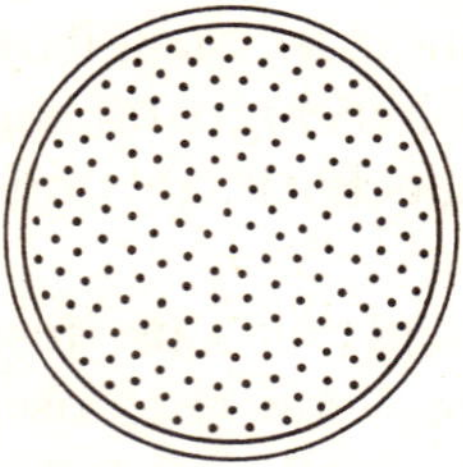

Abbildung 3: Die Punkte im Kreis

Wenn wir eine Handlung oder eine Wahl erwägen, zeichnen wir unbewußt einen Kreis um die Punkte oder Möglichkeiten, die uns unserer Einschätzung nach offenstehen. Der Kreis umgrenzt die Optionen. Er steht für unsere Definition des Problems oder der Frage. Die Punkte sind die möglichen Lösungen. Dieses Lebenswerkzeug wandelt die freie Wahl in einen bewußten Prozeß um. Es hilft uns, unseren Horizont zu erweitern. Die Punkte im Kreis helfen uns, daß wir uns an folgendes erinnern:

Für jede Handlung, Wahl oder Entscheidung existiert ein Kreis voller Alternativen.

Jedesmal wenn wir eine Entscheidung treffen oder uns zu einer bestimmten Handlung entschließen, wählen wir einen Punkt aus unserem mentalen Kreis. Wir müssen erkennen, daß jeder Punkt, den wir auswählen – jede Handlung, jede Entscheidung –, nur eine von vielen Möglichkeiten ist. Ein Kreis kann so viele Punkte beinhalten, wie es Sandkörner auf der Erde gibt. Ganz gleich, wie oft wir sagen: »Aber ich habe keine andere Wahl ...«; wir können uns in allen Fällen anders entscheiden, wenn wir uns dazu konditionieren, tiefer zu graben und die richtigen Fragen zu stellen. Selbst ein zusätzliches Detail oder eine geringe Verschiebung des Blickwinkels kann oft einen riesigen Bereich alternativer Möglichkeiten erschließen.
Die Punkte im Kreis illustrieren außerdem, **daß es mehr als eine richtige Wahl geben kann.** Es gibt keine perfekte Wahl; ebensowenig, wie es einen vollkommenen Gefährten oder einen festgelegten Lebensweg für uns gibt. Jede Wahl, die wir treffen, hat ihre Vorzüge und Nachteile. Es ist gefährlich, nach einer idealen, statt nach einer guten Wahl zu streben. Eine gute Wahl ist möglich, eine ideale Wahl ist eine semantische Konstruktion, und ihr nachzujagen heißt, sein Versagen vorzuprogrammieren.
Suchen Sie nach Perfektion, und Sie erleben nichts

als Streß, Frustration und Enttäuschung. Ihr Auswahlmechanismus wird in Zweifeln und Verwirrung steckenbleiben. Wann immer Sie glauben, tatsächlich die ideale Verbindung fürs Leben, die ideale berufliche Laufbahn oder die ideale Wahl getroffen zu haben, werden Sie bald Fehler entdekken und zu der Überzeugung gelangen, einen schrecklichen Fehler gemacht zu haben. Aber statt duldsamer zu werden und die Realität zu akzeptieren, werden Sie in dem Glauben beharren, Sie müßten Ihre Suche nach Perfektion fortsetzen.

Eine gute Wahl basiert auf Intuition, solider Erfahrung und genügend Information. Sie fühlt sich »richtig« an. Aber letzten Endes beinhaltet jede Wahl ein kalkuliertes Risiko und ist nichts weiter als eine begründete Vermutung.

Ich möchte Ihnen erzählen, wie die Punkte im Kreis meine Investitionsstrategie verbesserten und mir halfen, mein Einkommen zu vergrößern. Ich hatte meine privaten Brokergeschäfte getätigt und einen Teil des Geldes sicher angelegt. Jetzt hielt ich nach neuen Möglichkeiten Ausschau, Kapital zu investieren. Ich wollte eine höhere Rendite, als sie von der Bank angeboten wurde, und war bereit, auf mich zu nehmen, was ich ein »bescheidenes Risiko« von ungefährt zwanzig Prozent nannte. Wie sah die richtige Investition aus? Das war der Kreis, den ich zog.

Der erste Punkt, der mir einfiel, war das übliche Paket erstklassiger Wertpapiere, das ich entweder selbst oder durch eine Treuhandgesellschaft kaufen konnte. Oder ich konnte die Entscheidung einem Kapitalverwalter überlassen. Aber ich gab mich mit diesen Möglichkeiten nicht zufrieden.

Anfangs tauchten keine neuen Punkte auf. Aber als ich beharrlich blieb und nicht akzeptierte, daß das alles sein sollte, zeigten sich weitere Punkte. Ich konnte mein Geld zusammen mit dem einiger Freunde in einen Topf werfen, so daß wir ein kleines Syndikat bildeten, dem mehr Kapital zur Verfügung stand und das mehr Investitionsmöglichkeiten hatte. Ich konnte in ein konservatives Geschäftsunternehmen investieren. Ich suchte weiter nach Möglichkeiten. Ich zwang mich zur Kreativität, als wäre Kreativität keine erworbene Fähigkeit, sondern eine Frage der Entschlossenheit.

Plötzlich erkannte ich, daß ich von einer Annahme ausging, die meine Möglichkeiten einschränkte. Ich hatte so getan, als müsse ich das ganze Geld zum selben Risiko anlegen. Aber das war zu meinem Zweck gar nicht nötig. Ich konnte achtzig Prozent meines Kapitals zu niedrigen, aber garantierten Zinsen anlegen und mit den übrigen zwanzig Prozent spekulieren (in der Hoffnung, es zu verdoppeln oder zu verdreifachen). Legte ich das ganze Geld vorsichtig an, riskierte ich meiner Einschätzung nach ohnehin zwanzig Prozent. Durch meine Achtzig-zu-zwanzig-Prozent-Lösung wäre mein Gesamtrisiko nicht größer als der mögliche

Verlust meiner ganzen riskanten zwanzig Prozent. Es wäre sogar geringer, weil es zum Teil durch mein garantiertes Einkommen aufgefangen würde, und mein möglicher Gesamtgewinn wäre weit größer.
Dank den Punkten im Kreis entwickelte ich die neuartige Methode, meine hochspekulativen Investitionen als Mittel zur Erfüllung meiner konservativen Ziele zu verwenden. Der Plan führte zu einer deutlichen Zunahme meines Einkommens. Mittels der Punkte im Kreis können Sie Abenteuer und Wagnis in einen kontrollierten, konservativen Plan einbauen, mehr vom Leben zu erhalten. Sie müssen nur nach weiteren Punkten suchen und nicht aufhören zu fragen: »Welche Möglichkeit besteht noch?«
Mary, die junge Frau aus Boston in Kapitel zwei, die sich durch die Umstände gefangen fühlte, fand ihre kreative Lösung, ihren verborgenen Punkt, als sie erkannte, daß ihr Problem nicht allein sie betraf, sondern ihre ganze Familie. Als sie ihre Kinder mit in ihren Entscheidungsprozeß einbezog, gelangte sie zu einer neuen Lösung.
Les, ein Schauspieler, der nach neuen Möglichkeiten sucht, sich von seinen Mitbewerbern abzuheben, fragt sich: »Wie kann ich meine Chancen bei einer Vorstellung erhöhen?« Es scheint keine Möglichkeit zu geben. Aber durch die Punkte im Kreis angeregt, entwickelt Les ein schärferes Bewußtsein für Wahlmöglichkeiten. Er sucht auf einer tie-

fen Ebene nach Alternativen. Er beschließt, von jetzt an schon vor seinem Vorstellungstermin in die Rolle zu schlüpfen und bis nach dem Termin darin zu bleiben. Der dritte Direktor, bei dem er sich vorstellt, ist so beeindruckt, daß er ihm eine größere Rolle gibt.

Ob wir berufliche, private oder politische Ziele verfolgen – es ist wichtig, daß wir keine auf mangelhaften Daten beruhende Entscheidungen treffen und die richtigen Fragen stellen.

Die Bestimmung der Kreise

Die exakte Formulierung der Frage bestimmt die Anzahl und Beschaffenheit der Punkte in unserem Kreis. Wenn Sie nur zwei blaue Anzüge besitzen und sich fragen: »Welchen blauen Anzug ziehe ich heute an?«, schwimmen offensichtlich nur zwei Punkte in Ihrem Teich der Optionen. Wenn Sie fragen: »Welchen Anzug möchte ich anziehen?«, nimmt die Zahl der Punkte zu. Lautet Ihre Frage noch allgemeiner: »Welchen Anzug könnte ich anziehen?«, so werden es noch mehr. Aber bei der Frage: »In welchem Anzug würde ich phantastisch aussehen?«, könnte es sein – je nachdem, wie Sie sich fühlen und wie Sie Ihre Garderobe an diesem Tag einschätzen –, daß überhaupt keine

Punkte in Ihrem Kreis sind (wenn große Unsicherheit den Kreis definiert).

Die richtige Handlungsweise zu finden bedeutet, sich die richtigen Fragen zu stellen.

Je genauer wir fragen, desto eher treffen wir den Kern des Problems und desto größer wird der Kreis. Ungenaue oder voreilige Fragen führen dazu, daß wir unnötig abhängig von anderen werden, die nächstbeste Lösung akzeptieren, voreilig oder gar nicht handeln. Wir müssen bereit sein, unsere Interpretation einer Situation oder unsere Formulierung einer Frage zu verändern. Hier eine Fallstudie:

Michele hatte soeben ihren Collegeabschluß geschafft und plante, sich in der Bostoner Gegend niederzulassen. Aber ihr Freund erhielt ein Arbeitsangebot von Bethlehem Steel in Pennsylvania, und er erwartete, daß sie ihn begleiten würde. Sie fragte sich ohne Umschweife: »Soll ich mit David nach Pennsylvania ziehen?« und antwortete sofort: »Ja.«

Sie fühlte sich wohl bei David. Ihre sexuelle Beziehung zu ihm war sehr befriedigend. Sie glaubte, ihn zu lieben. Aber sie war unschlüssig, ob es in diesem Augenblick richtig war, von ihren Freunden und ihren eigenen beruflichen Chancen fortzuziehen. Sie gründelte tiefer und stellte sich ein paar fundamentalere und schwierigere Fragen.

»Weshalb will ich David begleiten? Bin ich von ihm

so abhängig, wie ich es von Jeff war, meinem Freund auf der High School? Fürchte ich mich vor dem Alleinsein? Hat David Angst vor dem Alleinsein? Mit einundzwanzig Jahren bin ich bereit, David meine Karriere und meine Persönlichkeit zu opfern? Möchte ich wirklich mein ganzes Leben mit ihm verbringen?« Und schließlich: »Was will ich tatsächlich?«

Diese hartnäckigen, bohrenden Fragen ließen Michele erkennen, daß ihre Entscheidung eher von Furcht als von ihren Wünschen diktiert worden war. Sie fürchtete nicht, David zu verlieren, weil sie ohne ihn nicht leben konnte, sondern weil sie aus Mangel an Selbstvertrauen Angst davor hatte, allein zu leben und niemanden zu haben, der sich um sie kümmerte. Sie beschloß schließlich, herauszufinden, wie sie wirklich zueinander standen, in Boston zu bleiben, David so oft wie möglich zu besuchen und ihre Bedürfnisse, ihre Gefühle und ihre Beziehung zu David ein Jahr lang zu prüfen.

Finden Sie die richtigen Fragen heraus, geben Sie Ihrer Wahrnehmungsfähigkeit eine Chance, sich frei zu entfalten, treffen Sie eine bewußte Wahl, und ...

Öffnen Sie sich für Möglichkeiten!

Es folgen einige Methoden, wie man Möglichkeiten gegenüber offener werden kann: Halten Sie sich körperlich fit und aktiv. (Wenn unser Rücken schmerzt und uns das Gewicht der Welt niederdrückt, haben wir weder die Energie noch das Verlangen, nach riskanten Möglichkeiten Ausschau zu halten.) Lassen Sie das Gefühl, deprimiert oder desillusioniert zu sein, vorübergehen, bevor Sie sich umschauen. Benutzen Sie den Sekundenkleber. Eine der einfachsten und wirksamsten Methoden, neue Möglichkeiten zu entdecken, ist, einen Entschluß aufzuschieben. Wenn man eine Entscheidung von Ihnen verlangt, sagen Sie: »Ich möchte darüber schlafen« oder »Ich möchte noch eine Weile darüber nachdenken«. Ein übereilter Entschluß hat noch niemandem genutzt; besonders demjenigen nicht, der ihn ausbaden muß.

Stellen Sie sich vor, Sie wären ein Bildhauer, der sein Leben aus dem Steinblock herausmeißelt, der Ihre Umwelt ist. Erkennen Sie, daß jede Ihrer Entscheidungen nicht nur das betrifft, was Sie wollen, sondern auch das, was Sie *nicht* wollen. Oder anders ausgedrückt: **»Ich konzentriere mich auf das, was ich zu sehen wähle, und ich erschaffe meine eigene Wahrnehmung dessen, was geschieht. Aber ich kann meine Perspektive verändern. Ich kann einen neuen Standpunkt einnehmen und sehen oder hören, was ich zuvor nicht gesehen oder gehört habe.«**

Nicht jeder Mensch schätzt Optionen. Sie können ärgerlich und beunruhigend sein. Dem schmalen, aber bewährten Pfad zu folgen, scheint uns oft weit einfacher. Irgendwann hat sich jeder von uns gewünscht, dem Gewerbe seines Vaters oder dem Familienunternehmen verpflichtet zu sein, statt unbegrenzte berufliche Möglichkeiten zu haben. Weshalb? Weil Möglichkeiten Entscheidungen und damit Zeit, Energie, persönliches Engagement und Risikobereitschaft verlangen.

Eine Wahl kann schmerzlich sein. Sie kann uns sogar zwingen, von einem Menschen, einer Sache oder einem alten, tröstlichen Glauben Abschied zu nehmen. Aber letztlich werden wir feststellen, daß solche Unannehmlichkeiten ein geringer Preis für Freiheit, Glück und persönliche Entwicklung sind. Fragen und Entscheidungen spiegeln denjenigen wider, der den Kreis bestimmt und die Punkte auswählt. Wenn es um die Offenheit für Möglichkeiten geht, ist nichts wichtiger als unser Entschluß, ein »Ich wähle«-Leben zu führen. Wenn wir uns dafür entscheiden, schaffen wir eine Synthese aus unseren Gefühlen, unserer Intuition, unserer »weicheren« Seite und unserem Selbstvertrauen. Wir verleihen unserer Einzigartigkeit Ausdruck und erlauben ihr, unsere Wahl zu beeinflussen. Sie durchströmt uns, macht uns bewußter und hilft uns, richtig zu wählen. So werden wir zu einer »ganzen« Person, die selbstverantwortlich und zielbewußt handelt. Aber wenn wir eher den Begrenzungen eines »Ich sollte«-Lebens zuneigen, sind unsere Wahlmöglichkeiten drastisch eingeschränkt.

Die Auswahl der Punkte

Es folgen fünf Kardinalregeln, die man bei jeder Wahl berücksichtigen muß:

1. Suchen Sie nicht nach der perfekten Antwort.

An Perfektion zu glauben heißt, zu glauben, es gäbe nur einen Punkt in jedem Kreis. (Erinnern Sie sich an mein Problem, als ich bei Paul Stuart nach dem perfekten Anzug suchte.) Produktive und praktikable Problemlösungen haben eher mit Prozessen und Wahrscheinlichkeiten als mit eingleisiger Perfektion zu tun.

Wir betrachten Entscheidungsmöglichkeiten zu häufig als Schwarz-oder-weiß-Alternativen, die dort draußen in der Welt darauf harren, daß wir sie entdecken. Wir können ein Haus kaufen oder nicht; wir können ein Kind haben oder nicht. Aber in Wahrheit sind Entscheidungen fortgesetzte zirkuläre Prozesse von Fragen, Handlungen und Einschätzungen dieser Handlungen, die wiederum zu neuen Fragen, weiteren Kreisen und mehr Punkten führen. Wenn sich unsere Entscheidungen anfangs nicht ganz so auswirken, wie wir geglaubt hatten, sollten wir die Hoffnung nicht aufgeben. Jede Wahl, die wir treffen, ist eher ein neuer Beginn als eine Sackgasse. **Die Punkte im Kreis stellen kein statisches Konzept dar, sondern**

einen fortgesetzten, kreisförmigen Prozeß, bei dem wir den freien Willen in Aktion sehen können.

2. Heißen Sie das Absurde willkommen.

Bei der Erkundung dieses Möglichkeiten erschließenden Prozesses sollten wir keine der sich bietenden Optionen von uns weisen, ganz gleich, wie bizarr oder erschreckend sie uns vorkommen mögen. Oft sind es die scheinbar absurdesten Möglichkeiten, die uns helfen, unseren Geist zu öffnen und zu gediegenen, kreativen Lösungen führen. Bedenken Sie: Ihre Phantasie von heute kann die Realität von morgen sein.

3. Akzeptieren Sie nicht die nächstliegende Wahl.

Optionen sind wie Beeren: Die am leichtesten erreichbaren sind nicht immer die süßesten. Seien Sie beim Optionensammeln wachen Sinnes. Erkunden Sie das Terrain. Betrachten Sie es als Abenteuer. Geben Sie sich nicht mit dem Nächstbesten zufrieden.

4. Seien Sie beharrlich.

Lassen Sie das Problem nicht los, sondern graben Sie tiefer. Ihre Aussichten, zu einer neuartigen, kreativen Lösung durchzustoßen, werden dramatisch zunehmen. Fragen Sie sich immer wieder: »Was brauche ich wirklich? Welche anderen Möglichkeiten habe ich?« Denken Sie daran: *Es gibt immer mehrere Möglichkeiten.* Bestehen Sie auf Antworten und geben Sie sich nicht mit der Feststellung zufrieden »Es gibt keine anderen Möglichkeiten«.

5. Achten Sie auf Unterschiede.

Wir werden angesichts neuer Situationen zu sehr von alten Denkweisen beeinflußt. Sie führen dazu, daß wir überall nach Ähnlichkeiten suchen, die Dinge miteinander vergleichen und neue Erfahrungen übereilt in muffige, alte Schubladen stopfen. Ich glaube, daß jede Erfahrung neu und originell ist; daß Denkanregungen und Chancen eher von Unterschieden als von Ähnlichkeiten ausgehen. Wenn Sie Unternehmer sind, wären Sie gut beraten, Ihre Angestellten nicht strikt nach ihren Zuständigkeiten einzuteilen, sondern sie mit »neuen Augen« als einzigartige und vielschichtige Individuen zu sehen. Haben Sie ein Auge für dasjenige, was eine Person von allen anderen Personen unterscheidet. Vielleicht entdecken Sie einen Reichtum an verborgenen Fähigkeiten, die in einer statischen, inhumanen Organisation brachliegen. Wenn Sie auf vertrauten Straßen gehen, sollten Sie nicht stumpf auf das Pflaster vor sich schauen, sondern sich bemühen, die Dinge neu zu sehen. Sie sollten sich die Gebäude anschauen, an denen Sie jahrelang vorübergegangen sind, und zum ersten Mal die Wasserspeier an der Kaufhausfassade oder die über dem Portal eingravierte Jahreszahl beachten.

Kreativität und die Punkte im Kreis

Wenn Sie sich Ihre Wahlmöglichkeiten offenhalten und nicht alles als selbstverständlich hinnehmen, ermutigen Sie Ihre Neugier und Ihre Kreativität. Wie Bill Moyer gesagt hat: »Sie dürfen nie glauben, daß Ihre neueste Idee auch Ihre beste und letzte ist. Sie müssen willens sein, Ihre Imagination und Intuition weiter nach neuen Versionen und Varianten dieser Idee suchen zu lassen.« Nur dann entwickeln Sie Kreativität – die Fähigkeit, »auf ungewohnte Weisen zu denken«, befähigt uns, »das Alltägliche zu durchdringen und das Wunderbare zu finden – oder hinter das Wunderbare zu schauen und das Alltägliche zu finden«. **Das Geheimnis der Kreativität ist unsere Fähigkeit, neue Lösungen zu finden, indem wir bekannte Daten neu zusammensetzen.**
Das Lebenswerkzeug der Punkte im Kreis hilft uns, unsere Denkgewohnheiten zu ändern und auszuweiten. Die Punkte im Kreis stellen ein Symbol dar, das durch Übung und Konditionierung zu einem neuen Verhalten führt. Nach einer Weile ertappen wir uns dabei, wie wir denken: »Es *gibt* noch eine andere Möglichkeit.«

Lebenswerkzeuge

Konditionierungsübungen

Die Punkte im Kreis

Schritt 1
Wir formen Kreise

1. Brechen Sie durch.

In der Geschäftswelt nennen wir es »Brainstorming«. Für unsere Zwecke heißt durchbrechen, zuzulassen, daß sich der Kreis frei gestaltet. Denken Sie an ein Problem, das Sie bedrückt. Vielleicht hat sich Ihr Effektenberater zu häufig geirrt. Oder Ihr Chef setzt Ihnen zu. Sie fühlen sich eingesperrt oder verwirrt. Entspannen Sie sich, und lassen Sie jede Frage zu, die Ihnen in Verbindung mit Ihrem Problem in den Sinn kommt. Stellen Sie das Problem auf den Kopf. Nehmen Sie den Standpunkt einer anderen Person ein. Versuchen Sie, das Problem anders zu definieren. Zerbrechen Sie die alte Gußform Ihrer Wahrnehmungen, Einstellungen und Denkweisen.

2. Zeichnen Sie den ersten Kreis.

Zu oft verschwenden wir unsere Energie, indem

wir die falschen Schlachten schlagen. Wir kratzen an der Oberfläche eines Problems, statt zu seinem Kern vorzustoßen. Wählen Sie ein Problem aus, das Sie beschäftigt. Fragen Sie sich selbst: »Was hat es mit diesem Problem auf sich, daß es sich allen meinen früheren Überlegungen widersetzt?« Graben Sie tiefer. Finden Sie die Fragen, die das Problem direkt angehen.

Schritt 2
Zeichnen Sie Punkte ein

1. Denken Sie visuell.
Suchen Sie die Lösung eines schwierigen Problems? Zeichnen Sie einen Kreis auf ein Blatt Papier und füllen Sie ihn mit Punkten. Stellen Sie sich so viele verschiedene Lösungen Ihres Problems vor, wie es Punkte im Kreis gibt. Allmählich wird Ihr Denken seinen Griff um eine Idee lokkern. Alternative Möglichkeiten zeichnen sich ab, wo Sie zuvor keine gesehen haben. Diese visuelle Übung wird Ihnen helfen, Ihr Denken zu öffnen und Ihre Kreativität zu befreien.

2. Finden Sie weitere Punkte.
Alternative Möglichkeiten entstehen nicht aus der

Luft, sondern sie sind Folgen einer Neukonditionierung. Wann immer Sie mit einem Aspekt Ihres Lebens unglücklich sind, können Sie versuchen, neue Optionen zu erschließen. Finden Sie neue Freunde. Suchen Sie sich ein neues Hobby. Ändern Sie die Art, wie Sie sich kleiden, ziehen Sie um. Entwickeln Sie eine neue Fähigkeit. Jede Veränderung in Ihrem Verhalten dem Leben gegenüber macht Ihnen neue Erfahrungen zugänglich und erschließt Ihnen neue Lösungsmöglichkeiten.

3. Bleiben Sie beharrlich.
Sie brüten bereits seit Tagen über einer wichtigen Frage und glauben, sämtliche Möglichkeiten erschöpft zu haben. Sagen sie laut: »Was ist außerdem noch möglich?« Lassen Sie nicht von dieser Frage ab, bis Ihnen etwas Neues einfällt. Eine Minute zuvor hätten Sie noch geschworen, es gäbe keine andere Möglichkeit, und dann entdecken Sie eine Reihe weiterer Punkte im Kreis.

4. Heißen Sie das Unsinnige willkommen.
Denken Sie über eine Frage oder eine Schwierigkeit nach, die im Augenblick für Sie besonders akut ist. Ziehen Sie die seltsamsten und unsinnigsten Antworten oder Lösungen in Betracht, die Ihnen nur einfallen wollen. Legen Sie sich keine Beschränkungen auf. Brechen Sie durch! Sie werden überrascht sein, wie sehr das Ihr Denken befreit.

5. Brechen Sie das Schloß der Perfektion auf.
Lähmt Sie ein tief verwurzelter Glaube an Perfektion, der Ihnen Streß und Frustration verschafft? Üben Sie an kleinen, verhältnismäßig unwichtigen Problemen. Zwingen Sie sich gerade dann, wenn Sie keine wünschenswerte Möglichkeit sehen, vorwärtszustürmen und eine der verfügbaren Optionen auszuwählen. Machen Sie einen Fehler, wenn es sein muß. Arbeiten Sie daran, Ihre Furcht vor Fehlern zu überwinden. Mit der Zeit werden Sie sich von dieser Furcht befreien und sich dazu konditionieren, Risiken auf sich zu nehmen.

6. Ordnen Sie Ihre Möglichkeiten.
Denken Sie an eine wichtige Handlung, die Sie planen. Fertigen Sie eine Liste aller Vorgehensweisen an, die Ihnen einfallen, und ordnen Sie diese Liste nach Ihren Prioritäten. Stimmt die Vorgehensweise, die Sie an die erste Stelle gesetzt haben, mit der Handlung überein, die Sie planen? Wenn nicht, überdenken Sie Ihre Entscheidung.

Schritt 3
Zeichnen Sie sechs wichtige Kreise

Die geschickte Anwendung der Punkte im Kreis verringert Streß und setzt Energien frei. Die Meisterschaft kommt mit der Zeit und der Übung. Zeichnen Sie die folgenden sechs Kreise und wählen Sie Ihre Punkte.

1. Meiden Sie übereilte Folgerungen.

Ein Freund versprach, Sie am Freitag abend anzurufen, aber er hielt sein Wort nicht. Verärgert ziehen Sie den Kreis: »Weshalb hat mein Freund nicht angerufen?« Zeichnen Sie die Punkte ein. Beschränken Sie sich nicht auf wahrscheinliche oder vernünftige Erklärungen. Lassen Sie Ihrer Phantasie freie Hand. Schließlich kann alles mögliche geschehen sein. Wenn Sie die Realität der Möglichkeiten anerkennen, stellen Sie vielleicht fest, daß Ihr Ärger verschwunden ist und Ihre Perspektive sich verschoben hat.

2. Durchbrechen Sie die Routine.

Zeichnen Sie den Kreis Ihrer alltäglichen Aktivitäten und fragen Sie sich: »Was soll ich heute tun?« Halten Sie die Punkte fest. Zuerst Ihre gewohnten Aktivitäten, dann fügen Sie neue und neuartige Alternativen hinzu. Wählen Sie eine Option, die Sie normalerweise ignorieren würden, und handeln Sie nach ihr. Sie könnten einen Kuchen backen, überraschend einen Freund besuchen, in den Zoo gehen. Oder Sie tun etwas *nicht*, das Sie sonst täglich tun. Nehmen Sie keine Dusche, lesen Sie die Zeitung nicht, gehen Sie nicht ans Telefon. Tun oder unterlassen Sie alles, was die Routine unterbricht. Wenn Sie neue Möglichkeiten wahrnehmen, werden Sie sich der Macht Ihrer Wahlfreiheit bewußter.

3. Finden Sie eine Möglichkeit für einen Freund.

Setzen Sie sich mit einem Freund oder einer Freundin zusammen und helfen Sie ihm oder ihr, ein aktuelles Problem zu erkunden und den Kreis zu ziehen, um zum Kern des Problems vorzustoßen. Dann tragen Sie gemeinsam die Punkte ein, erweitern die Anzahl der Möglichkeiten und fügen mehr Punkte hinzu. Die Punkte im Kreis können bei einer Freundschaft Wunder wirken.

4. Das Glück ist ein Kreis.

Zeichnen Sie den Kreis: »Was würde mich glücklicher machen, als ich es heute bin?« Tragen Sie die Punkte ein. Befreien Sie sich von Ihrer Rationalität. Lassen Sie Ihre unterdrückten Instinkte sprechen. Werden Sie kreativ. Suchen Sie nach neuen Lösungen für ein altes Problem.

5. Erfolg ist ein Kreis.

Zeichnen Sie den Kreis: »Was würde mich erfolgreicher machen, als ich es heute bin?« Fügen Sie die Punkte ein, die Ihnen sofort einfallen – etwa ein Lottogewinn. Dann graben Sie tiefer. Gibt es eine persönliche Gewohnheit, die Sie behindert? Arbeiten Sie hart genug? Möchten Sie wirklich Erfolg auf

Ihrem jetzigen Gebiet haben? Gibt es jemanden, den Sie achten und der Ihnen helfen könnte? Graben Sie tiefer. Sie wissen mehr, als Sie zu wissen glauben.

6. Lernen Sie aus der Vergangenheit.
Zeichnen Sie einen Kreis um Ihre Fehlurteile in der Vergangenheit; um jene Entscheidungen, die Sie heute bedauern. Halten Sie Rückschau und denken Sie über die Alternativen nach, die Sie hätten wählen können, und über die Folgen.

Sieben
Lebenswerkzeug 4
Der Nordstern

Bis jetzt haben wir gelernt, wie wichtig es ist, daß wir unsere Reaktionen hinauszögern, unsere inneren Warnsignale erkennen und nach ihnen handeln, unser Denken ausweiten, uns neue Wahlmöglichkeiten erschließen und Risiken auf uns nehmen. Jetzt stellen wir uns dem Problem der Richtung.

Wer einen Richtungssinn hat, wer weiß, wohin er geht, und seine Tätigkeit liebt, gehört zu den seltenen glücklichen Menschen. Wir alle kennen solche Menschen. Viele von uns beneiden Menschen, die ihren Lebensunterhalt mit dem verdienen, was sie gern tun. Sie sind übermenschlich oder haben unglaubliches Glück, sagen wir und seufzen resignìert, wenn wir solche erfolgreichen Menschen sagen hören, daß sie Millionen mit einer Beschäftigung verdienen, die sie ebenso gern ohne Entgelt verrichten würden.

Aber wie sollen normale Sterbliche wie wir einen Weg zur Selbsterfüllung finden? Wie erschließen wir das Potential, das in uns allen steckt? Wie lokalisieren und kanalisieren wir unsere Energien, um eine Beschäftigung zu finden, die uns wirklich glücklich machen würde? Die Antwort liefert uns das nächste Lebenswerkzeug, der Nordstern.

Wir stellen vor

Lebenswerkzeug 4

Der Nordstern

Der POLAR- oder NORDSTERN: ein heller, weißlichgelber Stern, der nicht ganz ein Grad vom nördlichen Himmelspol entfernt steht, in Fortsetzung der Erdachse über dem irdischen Nordpol. Weil er für jeden Beobachter auf der Erde beständig nach Norden weist, war er für die Seefahrt wichtig. Er läßt sich leicht lokalisieren, wenn man eine Linie aufwärts von den beiden vorderen Sternen des Großen Wagens (Ursa Major) zieht oder wenn man den Stern am Ende der Deichsel des Kleinen Wagens (Ursa Minor) sucht.

Ich habe zu den Sternen aufgeschaut, seit ich mich erinnern kann, und über ihre geheimnisvolle Schönheit nachgegrübelt. Ich habe immer geglaubt, daß die Sterne zu uns sprechen; daß sie in Strahlen der Hoffnung glänzen und uns Wissen und Führung anbieten.

Besonders der Nordstern hat mich immer fasziniert. Welche Bilder und Gefühle dieser Stern hervorrufen kann! Schönheit. Geheimnis. Magie. Ein Leuchtfeuer, auf das sich die alten Seefahrer – die dem Himmel noch vertrauten – auf ihrem Kurs über fremde, unheilschwangere Meere verließen. Wenn ich zum Nordstern emporschaue, gemahnt er mich daran, daß mehr am Leben ist als ermüdende Routine und das tägliche Bemühen um die Befriedigung unserer materiellen Bedürfnisse. Er ruft mir ins Bewußtsein, daß etwas ebenso Großes und Majestätisches wie dieser Stern *in uns* ist. Der Nordstern hält meine Hoffnung und die Leidenschaft am Leben, mit der ich darum kämpfe, meine Träume wahr zu machen.

Deshalb ist der Nordstern mein viertes Lebenswerkzeug und das sichtbare Symbol unserer Träume (Abb. 4).

Abbildung 4: Der Nordstern

Die Fähigkeit, zu träumen, ist nur eine Hälfte der Gaben, die der Menschheit mit auf den Weg gegeben wurden. Die andere Hälfte – eine höchst bemerkswerte Hälfte – ist unsere Macht, diese Träume wahr werden zu lassen. Der Nordstern erinnert uns nicht nur daran, daß wir träumen müssen, sondern auch daran, daß wir unsere tiefsten Träume und spirituellen Sehnsüchte ausdrücken und verwirklichen müssen. Wenn wir die Reise von unseren Träumen geleitet antreten, wird unser Leben unendlich reicher. Wir haben ungeahnte Möglichkeiten. Positive Energie durchflutet uns. Langeweile, Verstellung und Frustration fallen von uns ab. Und wir erleben eine Wiedergeburt unserer Selbstachtung.

Jeder Mensch trägt ein spirituelles Drängen oder Wollen in sich, das ihm helfen kann, zu dem einzigartigen Individuum zu werden, das zu sein seine Bestimmung ist; wenn er sich selbst nur diese Chance gibt. Ich fördere die Spiritualität in meinem Programm als ein fundamentales, natürliches Element des Wachstums unserer Persönlichkeit. Diese Spiritualität erzeugt Vertrauen in unsere Fähigkeit, zu vollbringen, was wir uns vornehmen – unsere Träume zu erfüllen –, und uns letztlich selbst zu transzendieren und etwas jenseits unserer egozentrischen Welt zu berühren. Ich nenne diese Erfahrung im Fühlen und Handeln »angewandte Spiritualität«.

Angewandte Spiritualität bedeutet, daß wir unseren spirituellen Kern anzapfen und zu einer lebendigen Kraft in uns machen. Es bedeutet, daß wir in die Tiefen unserer Seele hinabtauchen, unser wahres Selbst bergen und unseren Geist befreien. Durch diesen Akt werden wir lebendiger und schöpferischer und erfahren ein neues Einssein mit anderen und mit der Welt um uns.

Das Zentrum des Innere-Fitneß-Programms ist innere Harmonie. Wir erreichen sie, wenn unsere Spiritualität mit unserer richtig kanalisierten Rationalität zusammenarbeitet, um das Potential unseres Lebens zu verwirklichen. Wie schaffen wir es angesichts der vielen Ansprüche, die an uns und unsere Zeit gestellt werden, unseren spirituellen Kern anzuzapfen und uns von unseren Träumen leiten zu lassen?

Wie verwandeln wir den Nordstern von einem leuchtenden Symbol in ein praktisch verwendbares Lebenswerkzeug, mit dem wir unser Leben ordnen und gestalten können?

Die Antwort ist einfach. Wir müssen nur diesen einen Satz beherzigen:

Folgen Sie Ihrer Faszination.

Faszination bannt und verzaubert uns. Sie erweckt unsere heftigsten Gefühle und Leidenschaften. Sie zwingt uns unwiderstehlich in eine bestimmte Richtung, verführt uns zu bestimmten Handlungen und läßt uns die Nähe bestimmter Menschen suchen. Stellen Sie fest, was Sie fasziniert, und handeln Sie danach. Tun Sie es nicht als trivial oder lächerlich ab. Lassen Sie sich von Ihrer Faszination leiten und von ihrer magischen Aura umhüllen. Ihre Faszination ist der Weg zu Ihrem spirituellen Kern. Sie bringt Sie in Kontakt mit Ihrem innersten, eigentlichen Selbst und zeigt Ihnen so, wie Sie Ihrem Nordstern folgen und Ihre Träume erfüllen können.

Faszination ist mehr als bloßes Interesse oder eine vorübergehende Liebhaberei. Sie beginnt mit Neugier und verwandelt sich dann in etwas Tieferes. Sie beansprucht unsere ganze Aufmerksamkeit. Sie vereinnahmt uns derart, daß wir vergessen zu fragen: »Was bringt es mir?« oder »Was sollte ich tun?« Je tiefer wir in unser Selbst tauchen, desto mehr verstärken wir die Verbindung zwischen unserem Denken und Fühlen. Diese Fusion fördert das Beste in uns, unser Glück und unsere Kreativität. Wir spüren den Wunsch, mehr zu lernen, zu erforschen und zu schaffen.

Unsere Faszinationen sind aufs engste mit unserer Persönlichkeit verbunden. Meine Frau und ich leben zum Beispiel in völlig verschiedenen Welten. Zaida ist von allem Entzweigegangenen fasziniert. Sie kann es nicht abwarten, einen zerbrochenen Gegenstand in die Hände zu nehmen und zu versuchen, ihn wieder »ganz« zu machen. Meistens schafft sie es. Bei manueller Arbeit ist sie vollkommen konzentriert. Die Welt um sie versinkt. Sie überläßt sich der Faszination ihrer Hände, indem sie näht, Kleider entwirft und im Garten arbeitet. Indem sie ihre Faszination zu ihrer Lebensweise macht, ist für sie jeder Augenblick voller Schönheit. Ich dagegen kann kaum die Kühlerhaube meines Wagens öffnen. Die größte Faszination *meines* Lebens ist die Musik. Ein Haus, in dem kein Klavier steht, erscheint mir leer und erstickend. Ich hatte nie Musikunterricht, sondern habe mir selbst das Klavierspielen beigebracht und mein eigenes System entwickelt, um die Melodien festzuhalten, die ich im Kopf hörte. Mit sechzehn habe ich angefangen, Melodien zu komponieren und Songs zu schreiben. Wenn ich Musik spiele oder komponiere, bin ich in einer Welt der Freude und Selbstvergessenheit. Ich drücke meine Seele aus. Ohne Musik läuten meine Sechster-Sinn-Glocken unablässig und verkünden mir, daß ich mich eingesperrt und unerfüllt fühle. Die Musik als die Faszination meines Lebens verschafft mir ein Ventil für meine innere Spiritualität und ein Mittel, meine Persönlichkeit auszudrücken.

Wie wir den Nordstern in eine Fähigkeit verwandeln

Mini-Faszinationen

Jeder Mensch ist von bestimmten Ideen, Dingen oder Tätigkeiten fasziniert. Es kann sich um ein triviales Hobby wie das Sammeln von Muscheln handeln oder um eine wichtige Tätigkeit, wie den Obdachlosen ein Heim zu verschaffen. Eine Faszination kann einige Minuten oder lebenslang anhalten.

Selbst die trivialste Faszination bietet uns eine einzigartige Gelegenheit, uns auf unser inneres Selbst einzustimmen. Die Spiele, sportlichen Betätigungen oder »kindischen« Beschäftigungen, die uns Spaß machen, können unsere kreativsten Triebe anregen. Das gleiche gilt für Phantasien und Tagträume. Jede Faszination, selbst die trivialste, eröffnet uns wie unsere nächtlichen Träume einen Ausblick auf unsere geheimsten Wünsche und Gelüste. Wie verwandeln Sie den Nordstern in eine anwendbare Fähigkeit?

Achten und fördern Sie Ihre Mini-Faszinationen.

Nach seinen Faszinationen zu handeln bedeutet weit mehr als eine lehrreiche Erfahrung; es gehört zu den größten Freuden, die das Leben zu bieten hat. Und es macht mehr als nur Spaß. Wenn wir nach unseren Mini-Faszinationen handeln, konditionieren wir eine handlungsorientierte Lebensweise. Wir nehmen gute Gewohnheiten an. Wir finden immer mehr über uns selbst heraus, darüber, was wir gern tun und welche Tätigkeit für uns nicht die richtige ist. Denken Sie daran: Man weiß nie, wohin einen eine Mini-Faszination führen wird.

Scott Bruce war schon als Kind von bemalten metallenen Butterbrotdosen fasziniert. Im Lauf der Jahre sammelte er Tausende von Butterbrotdosen, geschmückt mit Bildern von Mickymaus und David Crockett oder von Hopalong Cassidy, dem ersten TV-Star, dessen Gesicht auf einer Butterbrotdose für Kinder prangte. Statt von seiner Faszination zu lassen, gab ihr Bruce Nahrung. Er brachte ein Nachrichtenblatt für andere Sammler heraus, schrieb ein Buch über die Geschichte der Butterbrotdose und veröffentlichte einen Preisführer. Er wurde der Welt größter Experte auf diesem Gebiet. Er nahm Kontakt zu Museen auf und stellte seine Sammlung aus. Er schuf einen Markt, der immer noch wächst. Einige seiner Butterbrotdosen, die ursprünglich einen oder zwei Dollar gekostet haben, sind jetzt mehr als sechshundert Dollar wert, und seine Sammlung wird auf über 75 000 Dollar geschätzt. Aber Geld hat ihn nie sonderlich interessiert. Es war nur ein Bonus, der ihm zuteil

wurde, weil er sich von seiner Faszination hatte leiten lassen.
Was hatten diese Butterbrotdosen an sich, daß sie Scott Bruce so ansprachen und seinen spirituellen Kern berührten? Drückten sie sein Sehnen nach den unbeschwerten Zeiten der Selterswasserbuden und der alten Familienwerte aus? Brachten sie ihn der amerikanischen Idee näher? Was es auch gewesen sein mag, es kam aus seiner Ganzheitlichkeit und erregte seine Leidenschaft. Indem er seiner Mini-Faszination Nahrung verschaffte, verwandelte Bruce eine scheinbar triviale Sammlung in eine spirituell und finanziell lohnende Lebensaufgabe.
Angelin Girardi lebte in dem kleinen Dorf Maquine in den endlosen Hügeln und Bergen von Osório, einer südlichen brasilianischen Provinz. Was diesen schlanken Mechaniker, Tischler und Bonbonhersteller so außergewöhnlich machte, war seine unstillbare Leidenschaft für das Leben.
Angelin besaß Mini-Faszinationen. Eine davon war sein Model A Ford. Er verbrachte jede freie Minute, die er von seinem geschäftigen Leben abzweigen konnte, damit, seinen Wagen zu reparieren. Er nahm ihn vollständig auseinander und baute ihn wieder zusammen, wobei er das Gaspedal zwischen Kupplung und Bremse versetzte. Als er ein neues Bremssystem entwarf, hielt er eine Metallfeder mit einem Stein gespannt. Wenn er den Stein hochhob, schnellte die Feder frei und aktivierte das Bremssystem.

Angelin fuhr jedesmal sein Model A, wenn er von Maquine nach Porto Alegre fuhr. Da er jede halbe Stunde anhalten mußte, damit sich der Motor abkühlen konnte, nahm die Fahrt viele Stunden in Anspruch. Aber das störte ihn nicht. Jede Fahrt war für ihn eine Gelegenheit, seinen Wagen zu fahren und unterwegs alte Freunde zu besuchen. Als Angelin starb, fuhr man ihn seinem Letzten Willen gemäß in seinem Model A auf den Friedhof. Niemand kann die Freude ermessen, die es ihm bereitet hatte, an seinem Wagen zu arbeiten und mit ihm zu fahren. Es war für ihn weit mehr als ein toter Gegenstand. Es war die physische Manifestation seines eigenen Geistes; Objekt der größten Leidenschaft seines beschwerlichen Lebens.

Oder lassen Sie sich den Fall Alice vorstellen. Als Kind liebte sie den Tanz und hätte fast eine Kunstschule besucht. Aber als die Jahre vergingen, verlor sie diese Faszination aus den Augen und begann eine Laufbahn als Sozialarbeiterin in einem psychiatrischen Krankenhaus. Nach einer Weile fühlte sie sich von ihrer Tätigkeit erstickt. Die Arbeit, die Atmosphäre, die staatliche Bürokratie lähmten sie, bis sie glaubte, sterben zu müssen. Eine tiefe Traurigkeit breitete sich in ihrem Leben aus. Sie wurde immer menschenscheuer und introvertierter. Sie beschloß, eine Veränderung vorzunehmen. Aber was konnte sie tun?

Auf der Suche nach einem Ventil für ihre brachliegenden Energien beschloß sie, Unterricht in allem zu nehmen, was sie interessierte. Schließlich belegte sie einen Kurs in Anatomie und Kinesiologie. Klick! Das war es! Die Kombination von Muskelbewegungen und Gesundheit übte eine magische Anziehungskraft auf Alice aus. Ihr jahrelang verdunkelter Nordstern begann, hell zu leuchten. Sie arbeitete weiter auf Teilzeitbasis im Krankenhaus und nahm einen Nebenjob in einem Fitneßcenter für fünf Dollar pro Stunde an. Dann unterrichtete sie ganztägig pränatale und postnatale Übungen und wurde eine diplomierte Fitneßtrainerin. Schließlich wurde sie Programmleiterin in einem größeren Weight Control Center. Sie glaubt an diese Arbeit und liebt sie leidenschaftlich.

Jetzt sprüht Alice vor Energie und Begeisterung. Sie strahlt Zuversichtlichkeit aus. Ihr Liebesleben ist intensiver geworden. Indem sie ihrer Faszination folgte und ihren spirituellen Kern freilegte, ließ sie die wahre Alice erstehen.

Wenn wir auf unsere Mini-Faszinationen hören, verwandeln wir unseren Nordstern in eine Gewohnheit und eine Fähigkeit. Dazu ist es nicht unbedingt erforderlich, daß wir uns für aufreibende Karrieren entscheiden. Oft genügt es, daß wir Dinge aus reiner Lust und Liebe tun. Diese Entscheidung hilft uns, unser Leben abzurunden und zu bereichern, und unser so wichtiger Sinn für Ausgewogenheit kann sich entwickeln.

Wie sinnvoll ist es?

Wörter artikulieren unsere praktische Vernunft. Faszination drückt unseren spirituellen Kern aus. Wenn wir beides in einer harmonischen Partnerschaft vereinigen, verfügen wir über eine solide Basis, um unseren Lebensweg zu planen. Die Faszination weist uns den Weg. Logisches, kritisches Denken hilft uns in Verbindung mit unserer angeborenen Kreativität, unsere Wahlmöglichkeiten zu erkennen und Hindernisse auf unserem Weg zu beseitigen.

Aber ist es sinnvoll, einer so strittigen Sache wie der Faszination ein solches Gewicht beizumessen?

Ja. Absolut.

Wie jedermann weiß, ist man am produktivsten, wenn man eine Tätigkeit ausübt, die man liebt. Wenn wir auf die Faszination unseres persönlichen Nordsterns hören, führt er uns zu Tätigkeiten, die wir lieben. Deshalb müssen wir uns, um größtmöglichen Erfolg zu haben, Tätigkeiten widmen, die unserer Liebe und Faszination entgegenkommen. Dieser Erfolg kann uns Geld einbringen oder rein persönlicher Art sein.

Die Glocken zeigen uns an, was wir nicht tun sollten. Der Nordstern führt uns auf den für uns richtigen Weg. Auch in bezug auf unsere Gesundheit ist es gefährlich, eines dieser beiden Signale zu ignorieren.

Folgen wir dem Nordstern nicht, so unterdrücken

wir unsere kreativen Kräfte. Wir werden passive Zuschauer bei unserem eigenen Leben. Wir werden gelangweilt und frustriert. Wir verschleudern unsere gesunden, positiven Energien in passiven Beschäftigungen wie Fernsehen oder Glücksspiele oder in negativen Gewohnheiten wie Drogenkonsum oder Trinken. Viele Menschen verschwenden ihre Zeit und ihre Energien und verbringen ihr Leben in Tagträumen.

In all den Jahren, in denen ich Kapitalanlagen verkaufte, Verkaufspersonal trainierte und Workshops leitete, habe ich buchstäblich Tausende von Menschen kennengelernt, die nicht auf ihre Faszinationen hörten und darunter litten, daß ihre Hoffnungen, Ziele und Gefühle allmählich dahinschwanden.

Unserem Nordstern zu folgen ist eine praktische und für unsere Produktivität förderliche Notwendigkeit. Aber wie können wir in einer Welt, die so brutal sein kann, unsere Träume zum Leben erwekken und sie wahr werden lassen? Die Antwort lautet, daß wir lernen müssen, wie wir unser rationales mit unserem spirituellen Wesen verbinden und einen dynamischen Kompromiß mit uns selbst schließen.

Der dynamische Kompromiß

Nicht alle Menschen können ihrem Nordstern rückhaltlos folgen und sofort zu einer neuen und lukrativen Karriere übergehen. Alle möglichen Notwendigkeiten zwingen uns, bei unseren Faszinationen die Praxis zu berücksichtigen. Wir müssen Zugeständnisse machen.

Das Geheimnis besteht in einem dynamischen Kompromiß, der uns weder aufgezwungen wurde noch mit unnötigem Verzicht verbunden ist. Es muß eine kreative Lösung sein, die alle Beteiligten befriedigt. Sie muß unsere eigenen Verhältnisse, Bedürfnisse, Wünsche und Träume sowie jene unserer Familie und Freunde berücksichtigen. Das heißt, daß wir einen verborgenen Punkt im Kreis der Möglichkeiten finden müssen. Dieser Kompromiß muß nicht in einer neuen Karriere bestehen. Er kann so aussehen, daß wir mehr Zeit und Energie für das aufbringen, was ich (in Unterscheidung zum »Hobby«, einer »Neben«beschäftigung, die uns hilft, die Zeit totzuschlagen) »koexistierende Beschäftigungen« nenne. Er kann darin bestehen, daß wir unsere Arbeit beibehalten, bis wir uns die nötige Schulung und finanzielle Sicherheit verschafft haben, um die ganze Zeit über unserem Nordstern folgen zu können. Oder er kann bedeuten, daß wir weniger Zeit als bisher mit unseren Kindern verbringen und uns mehr einer neuen Karriere oder Tätigkeit widmen.

Auf jeden Fall sollten wir den dynamischen Kompromiß erst anstreben, *nachdem* wir an die praktischen Grenzen unserer Faszination gestoßen sind. Man sollte nicht zuerst einen Kompromiß schließen und dann träumen. Auf diese Art kommen wir nirgends an. Also:

Folgen Sie Ihrer Faszination, so weit Sie können, und *dann* schließen Sie einen Kompromiß.

Nehmen Sie den Nordstern ernst. Geben Sie Ihr Bestes, um ihm zu folgen. Finden Sie eine Möglichkeit, der Faszination einen wichtigen oder den wichtigsten Platz in Ihrem Leben einzuräumen. Machen Sie einen beherzten Schritt. Wenn das bedeutet, daß Sie Ihre Familie verlassen oder eine lukrative Arbeit kündigen müssen, um Ihren Traum verwirklichen und Schauspielerin werden zu können, tun Sie es! Wenn sich die Realität zu Wort meldet, orientieren Sie sich und schließen Sie einen persönlichen Kompromiß mit den Zwängen des Lebens. Denken Sie daran: Ihre Pflicht, aufrichtig gegen sich selbst zu sein, ist mindestens ebenso groß wie Ihre Verpflichtung anderen gegenüber. Behandeln Sie Ihre »weichere« Seite als gleichwertigen und gleichberechtigten Partner Ihrer rationalen, praktischen Seite. Nirgends ist eine Partnerschaft wichtiger als bei der Schließung eines dynamischen Kompromisses mit sich selbst.

Aber nichts, was wir tun, ist unwiderruflich. Vergessen Sie nie, in welchem Maß wir uns ebenso wie die Welt im Lauf der Zeit ändern. Prioritäten, Faszinationen, selbst unsere wichtigsten Ziele und Träume machen anderen Platz. Unser Nordstern von heute wird nicht derselbe wie der von morgen sein. Tatsächlich wird in zwölftausend Jahren die Wega unser neuer Polarstern sein, wie es vor viertausenddreihundert Jahren Alpha Draconis war. Und davor ...

Zögern Sie nicht, Ihre Bedingungen zu modifizieren.

Ich habe es getan. Als meine Faszination von Investitionen, Verkauf und Kapitalgesellschaften nach jahrelanger Tätigkeit schwächer wurde, modifizierte ich die Bedingungen, zu denen ich mich verpflichtet hatte; den Kompromiß zwischen meinen Faszinationen und materiellen Bedürfnissen. Eines Tages hielt ich mitten in einem lukrativen Geschäftsunternehmen inne, gab einen Tropfen Uhu auf meine Lippen und unterzog mich einer Selbstprüfung und Neueinschätzung. Ich spürte ein leidenschaftliches Verlangen, alle meine Energien zwei Dingen zu widmen, die mich schon seit meiner Kindheit faszinierten: Musik und Schreiben. Worauf wartete ich noch? Es war an der Zeit, mit dem Träumen aufzuhören und etwas zu unternehmen.

Der berufliche Erfolg hatte mir in gewissem Umfang Frieden und Sicherheit gebracht, aber ich fühlte mich nicht ausgefüllt. Ich war in materieller Hinsicht reich, fühlte mich aber in spiritueller Hinsicht arm. Ich war in einer Routine gefangen. Ich verdiente Geld nur um des Geldes willen. Das entsprach nicht meiner Leidenschaft und Liebe.

Also stieg ich aus meiner lukrativen Tätigkeit aus und beschloß, buchstäblich meine ganzen Energien auf das Schreiben und die Musik zu konzentrieren. Dieses Buch stellt eine der Früchte dieses modifizierten Kompromisses dar. Das Musical, an dem ich schreibe, ist eine weitere Frucht.

Auch Sie finden Wege, Ihr Leben in einen persönlichen Triumph zu verwandeln. Schließen Sie Kompromisse, wenn es nötig ist, aber behalten Sie immer das Ziel vor Augen, Ihr Leben so erfüllt und froh zu gestalten, daß Sie, wenn Sie eines Tages Rückschau halten, sagen können: »Ich würde keine Minute missen wollen« statt: »Hätte ich doch nur ...«

Liebe, Beziehungen und Faszination

Folgen Sie Ihrer Faszination, und Sie *werden* faszinierend; Ihre Freude und Lebenslust wirken ansteckend. Ihre gesamte Persönlichkeit wird sich tiefgreifend ändern, wenn Sie durch den Kontakt mit Ihrem spirituellen Kern wachsen. Sich selbst gegenüber aufrichtig zu sein – einer der wenigen Menschen zu werden, die den Mut haben, ihre eigenen Werte und Prioritäten aufzustellen –, wird Sie mit Selbstvertrauen, Selbstachtung und der Macht ausstatten, auf andere anziehend zu wirken. Je mehr Sie das Gefühl des Erfülltseins und die Erregung genießen, die es mit sich bringt, dem Nordstern zu folgen, desto weniger werden Sie sich auf Seichtheiten und soziale Posen einlassen. Ihre Persönlichkeit wird Ihnen selbst und den Menschen in Ihrer Nähe auffallen.

Wenn Sie Ihrem persönlichen Nordstern folgen, werden Sie sich weniger mit sich selbst beschäftigen und mehr an dem Abenteuer interessiert sein, das es bedeutet, mit anderen Menschen zusammenzutreffen. Wenn Sie weniger selbstzentriert sind, werden Sie für andere attraktiver. Ihre Beziehungen werden tiefer und weniger fordernd. Sie werden entdecken, was Menschen einzigartig macht, und aufhören, sie automatisch in Schubladen einzuordnen. Sich ernsthaft für die Besonderheit eines anderen Menschen zu interessieren, ist eine ausgezeichnete Methode, neue Freunde oder Gefährten zu finden!

Der kleine Tropfen Magie

Jeder Mensch erhält bei seiner Geburt ein ganz besonderes Geschenk: einen kleinen Tropfen Magie. Es ist dieser Tropfen, der mich zu dem macht was ich bin, und mich von Ihnen unterscheidet. Der jedem von uns besondere Gedanken, besondere Gefühle und – am wichtigsten von allem – den besonderen Stoff eingibt, aus dem wir unsere individuellen Träume erschaffen und mit dessen Hilfe wir sie wahr machen können. Aber dieser kleine Tropfen ist nicht unbegrenzt haltbar. Wenn wir ihn zu lange vernachlässigen, verdunstet er, und wir sind nicht länger besonders und einzigartig.
Die Moral dieser Allegorie ist offensichtlich: Folgen Sie dem Nordstern, befreien Sie den kleinen Tropfen Magie, und streben Sie danach, der besondere Mensch zu sein, der Sie von Geburt an sein sollten!

Lebenswerkzeuge

Konditionierungsübungen

Der Nordstern

Schritt 1
Finden Sie Ihre Faszinationen

1. Listen Sie Ihre gegenwärtigen Faszinationen auf.

Fertigen Sie eine Liste mit Dingen an, die Sie bereits faszinieren. Führen Sie selbst die trivialsten Mini-Faszinationen auf, solange sie Sie wirklich beschäftigen und Ihre Leidenschaft erregen. Vernachlässigen Sie die Spiele nicht, weil Ihre »kindlichen« Beschäftigungen Aufschluß über Ihre tiefsten und kreativsten Antriebe geben können.

Denken Sie auch an die Dinge oder Tätigkeiten, ohne die Sie sich Ihr Leben nicht mehr vorstellen können. Und denken Sie an die Dinge, mit denen sich Ihr Geist während einer langweiligen Arbeit beschäftigt.

Berücksichtigen Sie alles, was Ihren Stolz hervorruft und Ihnen Selbstachtung verschafft – und was Ihnen den meisten Spaß macht.

2. Erkennen Sie neue Faszinationen.

Schreiben Sie eine zweite Liste all dessen, was Sie nie getan haben, aber immer hatten tun wollen. Darunter die Dinge, von denen Sie keine Ahnung haben, die Sie aber immer interessierten. Nun schauen Sie sich beide Listen an und stellen Sie fest, ob Ihnen etwas beiden Gemeinsames auffällt. Gibt es bestimmte Dinge, Ideen oder Aktivitäten, die Ihr Herz rascher schlagen lassen, wenn Sie an sie denken? Ergeben diese Dinge zusammengenommen einen ständig wiederkehrenden Traum? Denken Sie daran, daß Faszinationen selbst Ziele sind und nicht (wie Geld oder Macht) Wege zu Zielen.

3. Vergleichen Sie Ihr Leben mit Ihren Faszinationen.

Jetzt erstellen Sie eine dritte Liste der Tätigkeiten, für die Sie tatsächlich am meisten Zeit aufwenden – Ihre Arbeit, die Beschäftigung mit Ihren Kindern etc. –, und stellen Sie fest, ob sie mit der vorangegangenen übereinstimmt. Wenn nicht, vernachlässigen Sie mit großer Wahrscheinlichkeit Ihre Faszinationen und verleugnen Ihr wahres Selbst, um in der Welt zurechtzukommen.

4. Haben Sie Probleme?

Wenn Sie Schwierigkeiten haben, Ihre Faszinationen zu bestimmen, achten Sie auch darauf, was Sie gern tun und was Ihre Aufmerksamkeit erregt. Welche Fernsehprogramme schauen Sie sich an? Welche Magazin- oder Zeitungsartikel lesen Sie? Welche Musik hören Sie sich an? Wo machen Sie Urlaub? Dann fragen Sie sich, was an diesen Dingen oder Tätigkeiten Sie inspiriert oder anregt. Können Sie ein Muster erkennen?

5. Spielen Sie ein Spiel mit sich selbst.
Versuchen Sie, sich zu erinnern, was Sie als Kind fasziniert hat. Es ist möglich, daß diese Faszination teilweise noch bei Ihnen vorhanden ist. Blättern Sie in einem Volkshochschulkatalog, um festzustellen, welche Kurse Sie interessieren. Welche Abteilung suchen Sie in einer Buchhandlung auf? Stellen Sie sich auf Ihren Nordstern ein, lassen Sie Ihren Geist wandern und erfüllen Sie sich Ihre Wünsche. Wenn Sie auf Ihr Herz hören, entdecken Sie geheime Träume und Tätigkeiten, die Sie lieben.

Schritt 2
Folgen Sie Ihrer Faszination

1. Hören Sie auf eine alte Mini-Faszination.
Folgen Sie einer noch bestehenden Mini-Faszination einen Schritt weiter als bisher. Wenden Sie mehr Zeit für sie auf. Lesen Sie ein Buch darüber. Achten Sie darauf, wie aufrichtig und unbefangen

Sie sich dieser Faszination gegenüber fühlen, in welchem Maß sie Ihre Konzentration beansprucht und Sie auf einen höheren Ort zu tragen scheint.

2. Hören Sie auf eine weitere Faszination.
Suchen Sie sich eine Faszination aus, über die Sie nichts wissen. Strengen Sie sich redlich an, mehr über sie zu erfahren. Tragen Sie sich für einen Kurs ein. Nehmen Sie Musikstunden. Lernen Sie bergsteigen. Unternehmen Sie etwas Schwieriges, das Mut und Konzentration erfordert und Ihre Energien zum Fließen bringt.

3. Erfüllen Sie sich einen Traum.
Konzentrieren Sie sich auf einen Traum, den Sie schon lange hegen. Überlegen Sie, was nötig wäre, um diesen Traum wahr zu machen. Tun Sie einen ersten Schritt, um diesem Traum gemäß zu leben. Selbst ein kleiner Schritt in die richtige Richtung kann Ihnen helfen, aus der Eingleisigkeit auszubrechen. Wenn Sie feststellen, daß Ihr Traum der Wirklichkeit widerspricht, verändern Sie ihn, oder erwählen Sie einen neuen Traum.

Schritt 3
Schließen Sie den dynamischen Kompromiß

1. Verbalisieren Sie Ihren jetzigen Kompromiß.

Versuchen Sie, den Kompromiß in Worte zu fassen, nach dem Sie im Augenblick leben. Verwenden Sie Ihre ganze Zeit und alle Energien mit Aufgaben, die Ihnen wenig oder gar keine Freude machen? Gibt es Dinge, die zu tun Sie sich verzweifelt wünschen, aber aus praktischen, gesellschaftlichen oder materiellen Gründen unterlassen? Fertigen Sie eine Liste der Prioritäten in Ihrem Leben an. Denken Sie sich kreative Möglichkeiten aus, Ihre Passion und praktische Erwägungen in einem dynamischen Kompromiß zu verbinden, mit dem Sie leben könnten.

2. Seien Sie sich selbst gegenüber aufrichtig.

Glauben Sie aufrichtig an die Arbeit, die Sie zur Zeit verrichten? Und läßt Ihnen diese Arbeit Zeit, Ihr wahres Ich zu pflegen? Wenn nicht, sollten Ihre Glocken läuten, weil Sie Ihre Energien verschwenden und gegen Ihr eigentliches und schöpferisches Selbst ankämpfen. Welche Veränderungen oder Anpassungen in Ihrer jetzigen Arbeit würden Ihnen helfen, zufriedener und produktiver zu werden? Sprechen Sie mit Ihrem Chef darüber. Versuchen Sie, Ihre Arbeit ein wenig mehr mit Ihrer wahren Persönlichkeit abzustimmen.

3. Erinnern Sie sich an Angelins Wagen.

Wenn es nicht möglich ist, Ihre Arbeit zu verändern, suchen Sie sich eine Nebenbeschäftigung, der Sie Ihre Leidenschaft und Energien widmen können. Vermeiden Sie es, von Interesse zu Interesse zu irren und Ihre Zeit mit passiven Beschäftigungen wie Fernsehen zu verschwenden. Halten Sie nach einer Tätigkeit Ausschau, die Sie wirklich fasziniert, und widmen Sie ihr Ihre ganze Freizeit der nächsten Woche. Achten Sie darauf, wieviel Sie in dieser Woche schaffen. Achten Sie darauf, wie sehr diese Faszination Sie erfrischt und mit neuen Energien erfüllt.

4. Machen Sie eine Bestandsaufnahme dessen, was Sie bedauern.

Erinnern Sie sich an etwas, das Sie bedauern und von dem Sie wünschen, daß Sie es ändern könnten. Fragen Sie sich, ob es wirklich zu spät ist. Gibt es etwas, das Sie tun könnten, um diesem Bedauern den Stachel zu nehmen und um nicht für den Rest Ihres Lebens sagen zu müssen: »Wenn ich doch nur …«?

Schritt 4
Die Modifizierung Ihres Kompromisses

1. Alles ändert sich.
Sind Sie sicher, daß sich Ihre Träume nicht geändert haben? Faszinieren Sie heute noch dieselben Dinge wie früher? Oder gibt es einen anderen Traum oder eine neue Passion, die Vorrang in Ihrem Leben haben könnte?
Bleiben Sie nicht auf einem Weg stehen. Seien Sie immer bereit und willens, den Kompromiß zu modifizieren, den Sie mit sich geschlossen haben.

2. Fühlen Sie sich erfolgreich.
Halten Sie sich in diesem Augenblick für erfolgreich? Wenn nicht, wird es Zeit, etwas zu ändern. Denken Sie darüber nach, was Sie tun könnten, damit Sie sich erfolgreich und ausgefüllt fühlen. Dann entwerfen Sie einen Plan, wie Sie diesen Traum verwirklichen könnten.

Acht
Lebenswerkzeug 5
Die Uhr

Die Zeit eilt voran
Und läßt dich zurück.
Die Zeit hält nicht an
Und reicht dir die Hand.
Hart ist sie und nimmt, ohne zu geben.
Hart ist sie, klagt an, ohne Verzeihen.
Du hältst sie nicht auf.
Die Zeit eilt voran, stets eilt sie voran.

Aus dem Song »Zeit« von V. Dishy

Während die Minuten verstreichen, ist alles in und um uns in ständiger Veränderung begriffen. Und doch leben wir trotz aller gegenteiliger Beweise so, als könnten wir die Uhr anhalten.
Es gab einmal eine Zeit, in der die Menschen leben *konnten*, ohne allzu viele Gedanken an Zeit und Veränderung zu verschwenden. Ein Leibeigener im Mittelalter brauchte nur an seine Vergangenheit

zu denken, wenn er wissen wollte, wie seine Zukunft aussehen würde. Noch der auf den Gemälden Norman Rockwells verewigte sommersprossige amerikanische Junge konnte getrost davon ausgehen, daß sein Leben und seine Ziele wie die seines Vaters aussehen und daß auch seine Kinder die gleichen Ziele haben würden wie er. Aber heutzutage machen die globale wirtschaftliche Verflechtung, die Geschwindigkeit des technischen Wandels, die Zunahme der persönlichen Wachstums- und Karrieremöglichkeiten, die Häufigkeit der Scheidungen, die Bedrohung eines nuklearen Kataklysmus über unseren Köpfen und die Leichtigkeit und Geschwindigkeit des Reisens die Zukunft für jedermann ungewiß.

Einst vollzogen sich klimatische Veränderungen nur alle fünftausend Jahre. Heute – angesichts des sauren Regens, der Zerstörung der Ozonschicht und anderer Formen der Umweltverschmutzung – weiß niemand, wann die nächste dramatische Veränderung des Globalklimas stattfindet.

Einst fanden größere technische Fortschritte selten statt, und es dauerte Jahrzehnte, bis sie sich in der Gesellschaft auswirkten. Heute müssen wir täglich die neueste Entwicklung der Zeitung entnehmen, um mit der Geschwindigkeit und Komplexität des technischen Fortschritts schritthalten zu können. Welche ungeheuren gesellschaftlichen Veränderungen werden Supraleiter und Biotechnik in naher Zukunft haben?

Früher war privates und wissenschaftliches Denken auf unwandelbare Gesetze, festgelegte Bedingungen und voraussagbare, sich ständig wiederholende Verhaltensmuster gegründet. Eine solch statische Sicht könnte die heutigen sozialen und wissenschaftlichen Revolutionen weder verstehen noch erklären. Das 21. Jahrhundert verlangt einen neuen Ansatz, der zu Veränderungen in unserem privaten Leben führen wird.

Bedauerlicherweise sind zu viele Menschen heutzutage schlecht gerüstet, die sozialen, kulturellen und persönlichen Probleme zu meistern, die der beschleunigte Wandel mit sich bringt. Unsere Denk- und Entscheidungsmuster stammen noch aus der Vergangenheit. Viele von uns sind ins Hintertreffen geraten, gefesselt von nicht länger gültigen Paradigmen. Selbst unsere Sprache hindert uns. Oft fallen wir auf den Irrglauben herein, was wir sagten, schrieben oder läsen, sei plausibel. Wir sprechen zum Beispiel von Ewigkeit und Dauer, als wären sie real und erreichbar. Deshalb ist es unerläßlich, daß wir unser Denken von den kurzlebigen Konstrukten unserer Sprache befreien und die Fähigkeiten und Einstellungen entwickeln, die wir brauchen, um die Zeit zu genießen und voll zu nutzen. Es ist an der Zeit für unser nächstes Lebenswerkzeug.

Wir stellen vor

Lebenswerkzeug 5

Die Uhr

Die Uhr (Abb. 5) ist ein Symbol des prozeßorientierten Denkrahmens, der erforderlich ist, um die Zeit in eine lebende Fähigkeit zu verwandeln. Und sie ist eine sichtbare Mahnung daran, daß wir – um Innere Fitneß zu erreichen – fließend, flexibel und bereit sein müssen, uns dem Wandel anzupassen.

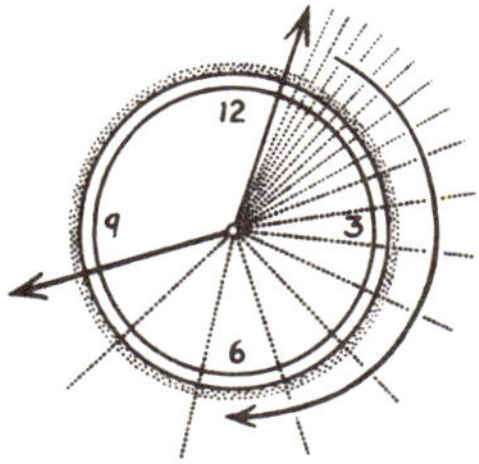

Abbildung 5: Die Uhr

Einer meiner Freunde, der an Herzschwäche leidet, sagt im Scherz, er würde keine grünen Bananen mehr kaufen. Für ihn ist die »lange Sicht« kürzer und kürzer geworden. Wir anderen brauchen uns der verrinnenden Zeit nicht ganz so bewußt zu sein wie mein Freund. Aber auch wir müssen unser Bewußtsein für die Rolle der Zeit und der Veränderungen in unserem Leben schärfen. Um funktionierende Lösungen für unsere Probleme zu finden, müssen wir die fortgesetzten Effekte der Zeit und die fortgesetzten Folgen unserer Handlungen berücksichtigen. Wir müssen lernen, unser Denken und unsere Entscheidungsstrategie anzupassen, um der Uhr Rechnung zu tragen. Um die Uhr in ein brauchbares Lebenswerkzeug zu verwandeln, biete ich die folgenden vier Techniken oder Richtlinien an:

Richtlinie 1
Datieren Sie »Für immer«-Wörter

Benutzen Sie – um Ihre Sprache unter Kontrolle zu halten und sich in Erinnerung zu rufen, daß Zeit Veränderung bedeutet – eine sehr einfache, von Alfred Korzybski entworfene Methode namens »Datieren«.

Fügen Sie Wörtern, Ideen und Feststellungen, die der Existenz der Zeit nicht Rechnung tragen und Zeitlosigkeit implizieren, das Datum als Indexzahl hinzu. Schreiben, sagen, hören, visualisieren oder denken Sie diese tiefgestellten zusätzlichen Angaben – was auch immer Ihnen am besten hilft, Wörter und Konzepte in Zeitrahmen einzufügen. Wenn wir also »Gott« oder »Liebe« sagen, sollten wir denken »Gott_{1990}« und »Liebe_{1990}«, um sie von »Gott_{1890}« und »Liebe_{1968}« zu unterscheiden.

Denken Sie an die Etiketten »Vater« und »Tochter«.

Dieser undatierte, scheinbar neutrale, deskriptive Terminus kann zu ernsthaften Irrtümern und Mißverständnissen führen. Ein Vater, für den seine Tochter immer noch die niedliche Göre ist – als wäre sie seine Tochter$_{\text{3 Jahre alt}}$ und nicht Tochter$_{\text{18 Jahre alt}}$ – bemerkt nicht, daß sie eine Frau geworden ist. Als Folge davon läuft er Gefahr, sich ihr zu entfremden und ihren Reifeprozeß zu behindern. Oder stellen Sie sich den umgekehrten Fall einer Tochter vor, die sich nie die Mühe macht, herauszufinden, daß ihr Vater ein Mann mit eigenen Zweifeln, Befürchtungen und Wünschen ist, oder zu sehen, daß er mit fünfzig Jahren andere Bedürfnisse und Fähigkeiten als mit dreißig Jahren hat, kann vielleicht nie eine enge Erwachsenenbeziehung mit ihm eingehen. Diese beiden täten – wie wir alle – gut daran, ihre Konzepte zu datieren und sich selbst (und andere) als Individuen zu sehen, die sich ständig ändern und nicht wie unbegrenzt haltbare Waren gelagert werden können.

Der einfache Akt des Datierens und näheren Bezeichnens kann bewirken, daß wir uns wohler in unserer Haut fühlen und besser mit unseren Problemen fertig werden. Verkündigungen wie »Ich bin nicht gut darin, Freunde zu gewinnen« oder »Ich hasse meine Eltern« schreien geradezu danach, datiert zu werden, und sei es auch nur durch die Worte »bis heute«. Undatiert fördern solche Aussagen Ergebenheit und Resignation. Wir sagen uns: »Wir sind, wie wir sind, ein für allemal; weshalb also sollen wir Zeit und Energie auf den Versuch verschwenden, uns zu ändern?« Das Datieren hingegen erlaubt uns zu sagen: »Früher fiel es mir schwer, neue Freunde zu gewinnen. Heute würde es mir Spaß machen, neue Leute kennenzulernen.« Durch einfaches Hinzufügen eines Datums eröffnen wir neue Perspektiven und Möglichkeiten. Wir denken: »Früher bin ich mit meinen Eltern nicht gut ausgekommen. Aber jetzt bin ich gefestigter und reifer, und sie sind viel älter geworden. Es ist an der Zeit, daß ich einen Versuch mache, unsere Meinungsverschiedenheiten beizulegen. Immerhin haben sie mich großgezogen und mir viele Jahre ihre Liebe geschenkt. Es ist das mindeste, was ich für sie tun kann.«

»Krieg« ist eines der Wörter, die am lautesten nach einer Datierung schreien. Im Krieg_{1812} und im Krieg_{1914} benutzte man herkömmliche Waffen, und diese Kriege wurden gewonnen und verloren. Sollte es einen nächsten Weltkrieg geben, zum Beispiel Krieg_{2000}, wäre es ein nuklearer Holocaust, in dem es nur Verlierer gäbe. Wenn wir das Wort datieren, erkennen wir, wie unterschiedlich die Methoden und Risiken geworden sind. So hilft uns das Datieren dieses Wortes, uns den Krieg als etwas vorzustellen, aus dem man herauswachsen muß, statt als etwas, das man planen kann.

Oder nehmen Sie das Wort »Schönheit«. Im heutigen Amerika werden wir mit der Idee bombardiert, Jugend und Schönheit seien Synonyme. In

Werbesendungen und Musikvideos, Filmen und Fernsehsendungen, Magazinen und Büchern über Fitneß wird der junge Mensch als ästhetisches Ideal dargestellt. Statt Schönheit als ein Konzept zu betrachten, das sich im Lauf der Zeit ändert, sehen wir sie als etwas, das im Lauf der Zeit verschwindet. Aber wenn wir »Schönheit« datieren, erkennen wir, daß sie kein einfaches, statisches und einer bestimmten Altersgruppe vorbehaltenes Konzept ist, sondern daß sie viele Formen annimmt, von Schönheit des Kindes über Schönheit der Jugend bis hin zur Schönheit des Alters.

Bedenken Sie, wie zwei der schönsten Frauen der Welt auf das Älterwerden reagiert haben, und beachten sie ihre unterschiedlichen Ansichten über Zeit und Veränderung. Im September 1984 wurden sowohl Sophia Loren als auch Brigitte Bardot fünfzig Jahre alt. Für Frau Loren, die eben ein Buch schrieb, ein neues Parfum kreierte und in Filmen mitspielte, war ihr Geburtstag »eine wundervolle Sache. Man wird geboren, wird älter, und es ist vollkommen in Ordnung.«

Aber Frau Bardot trat als Einsiedlerin und in einer tiefen Depression in ihr fünfzigstes Lebensjahr ein. »Es ist wirklich hart, alt zu werden«, sagte sie im Juli 1984 in einem Interview. »Es ist ein halbes Jahrhundert. Willkommen im Seniorenklub.« Sie weigerte sich offensichtlich, die Botschaft der Uhr zu akzeptieren. Sie betrachtete die Welt, als sei die Zeit ein Absolutum, statt jede neue Phase als Chance zu Entwicklung und Reife zu sehen. An ihrem letzten Geburtstag versuchte sie, sich umzubringen.

Datieren empfiehlt sich auch im Geschäftsleben. Ein wohlmeinender Firmendirektor, der fest davon überzeugt war, seine Angestellten »fair« zu behandeln, ist schockiert, als seine gesamte Belegschaft streikt. Vor zehn Jahren hatte er fünfundzwanzig Angestellte gehabt. Er war am Freitag abend mit seinen »Jungs« Biertrinken gegangen, und es hatte ihnen gefallen, wenn er sie wie seine Kinder behandelte. Heute umfaßt seine Belegschaft dreitausend gewerkschaftlich organisierte Angestellte; die Firma hat eine starke ausländische Konkurrenz; die Inflation zehrt an den Angestelltengehältern; Profite und Produktivität haben sich vermindert. Das väterliche Gehabe des Direktors ist nicht länger angebracht oder willkommen. Der Direktor hat der Zeit und den Veränderungen zuwenig Aufmerksamkeit gewidmet und nicht erkannt, daß »faire Behandlung$_{1990}$« und »faire Behandlung$_{1980}$« zwei sehr verschiedene Dinge bedeuteten.

Wir sollten sogar uns selbst datieren, weil wir ebenfalls Prozesse sind. Es existiert keine einheitliche, beständige Persönlichkeit, die jetzt und immerdar Victor Dishy wäre. Es gibt nur Victor$_{\text{gestern}}$, Victor$_{\text{heute}}$ und Victor$_{\text{morgen}}$. Wir mögen wissen, wo wir waren und wo wir sind, aber wir können nicht wissen, wohin wir gehen. Deshalb eröffnet uns die Uhr unbegrenzte Entwicklungsmöglichkeiten.

Richtlinie 2
Denken Sie in Zeitspannen

Viele Menschen bekennen sich verbal zu den Auswirkungen der Zeit, hängen aber immer noch dem Glauben an Unvergängliches an. Wir sagen: »Nichts dauert ewig«, glauben aber trotzdem, daß Liebe »ewig dauert«. Solche widersprüchlichen Sichtweisen sind kaum vermeidbar, weil es fast unmöglich ist, sich die Dinge als im Fluß befindlich vorzustellen und sie auch so zu beschreiben. Wir können nicht darauf zählen, daß das Morgen eine genaue Replik des Heute sein wird, aber wir können auch nicht jeden Tag mit dem Gefühl eines ständig bevorstehenden Wandels leben. Um in dieser Welt überleben zu können, müssen wir einen praktischen Kompromiß zwischen unserem Bedürfnis nach Beständigkeit und der nötigen Akzeptanz der Veränderung finden. In Zeitspannen zu denken befähigt uns dazu, weil es den Einfluß der Zeit in mundgerechte »Bissen« aufteilt. Wir setzen Stabilität voraus, aber immer nur für eine begrenzte Zeitspanne. Wir stellen unsere Uhr so ein, daß sie uns zu einer festgesetzten Stunde in der Zukunft weckt. Dann schauen wir uns um und sehen, wie persönliche, kulturelle und technologische Veränderungen unser Leben, unsere Ziele und Pläne beeinflußt haben.

Manch eine Collegestudentin wird nervös und verwirrt, wenn man sie nach ihren beruflichen Plänen fragt. Weshalb? Weil sie davon ausgeht, daß sie nur eine berufliche Wahl hat. Sie glaubt, ihre Entscheidung müsse absolut richtig sein, sonst wäre sie ihr Leben lang verurteilt. Diese Studentin sollte im Gebrauch der Punkte im Kreis (es gibt keine »perfekte Wahl«) und im Denken in Zeitspannen (sagen wir, von drei bis fünf Jahren) unterrichtet werden. Plötzlich wäre der auf ihr lastende Druck dramatisch verringert. Sie könnte sich ihren ersten Job nur als einen ersten Schritt auf ihrem Lebensweg vorstellen, der vielleicht zwei, drei oder noch mehr Berufe für sie bereithält. Ihre Wahl dieses ersten Jobs wäre nicht länger eine Vogel-friß-oder-stirb-Entscheidung. Ohne diesen Druck könnte sie sogar beschließen, etwas zu tun, was ihr gefällt, statt eine Arbeit anzunehmen, von der sie glaubt, sie tun zu »sollen«.

Wenn wir über unsere Zukunft nachdenken, sollten wir in Zeitspannen von etwa fünf Jahren denken, statt zu versuchen, unser ganzes Leben im voraus zu planen. Wir sollten unsere Karrieren und Kontakte in regelmäßigen Abständen überdenken und auf den neuesten Stand bringen, damit wir mit dem Wandel schritthalten können.

Wenn ein Geschäftsführer eine Marktstrategie seiner Firma entwirft, wäre er gut beraten, diesen Plan zu Papier zu bringen, mit einem Datum zu versehen und eine Zeitspanne einzutragen. Das Festhalten an undatierten und überholten Strategien hat schon so mancher Firma den Ruin beschert.

Richtlinie 3
Berücksichtigen Sie den Welleneffekt

Stellen Sie sich vor, Sie fahren mit Ihrer Honda mit hundertzehn Stundenkilometern eine gerade Straße entlang. Direkt vor Ihnen, nur wenige hundert Meter entfernt, steht eine Steinmauer. Sie sagen sich: »Kein Problem. Alles im Griff. Bis jetzt bin ich noch nicht vor die Mauer gefahren.« Also fahren Sie mit voller Geschwindigkeit weiter, bis Sie mit dem Kopf voran gegen die Mauer fliegen.
Finden Sie, daß sich das dumm anhört? Wer wäre schon so töricht und ahnungslos? Und doch eilen viele Menschen mit voller Geschwindigkeit durch ihr Leben, ohne der Mauer unmittelbar vor sich Aufmerksamkeit zu schenken. Solche Menschen rationalisieren ihre bemerkenswerte Selbsttäuschung mit Sprüchen wie: »Ich bin zu sehr mit der Gegenwart beschäftigt, um an die Zukunft denken zu können. Sie wird auf sich selbst aufpassen müssen.« Eine solche Einstellung schmeckt nach einem »Ich sollte«-Leben und übersieht völlig die wichtige Rolle, die Prozesse in unserem Leben spielen.
Wir tendieren als Individuen wie als Gesellschaften dazu, zu handeln, als seien Vergangenheit, Gegenwart und Zukunft unabhängig voneinander. Unsere Regierung gibt immer mehr Geld für die Verteidigung aus und ignoriert die Warnungen vor unausgeglichenen Handelsbilanzen und Defi-

ziten. Eines Tages werden die Verantwortlichen aufwachen und feststellen, daß das Budgetdefizit den Staatshaushalt in den Konkurs geführt hat. Das einzige, was wir aus der Geschichte lernen können, ist, daß wir nichts aus der Geschichte lernen.

Lassen Sie uns hier innehalten und über Vergangenheit, Gegenwart und Zukunft nachdenken; über das, was ich die menschliche VGZ-Relation nenne. »Vergangenheit« ist ein irreführendes Etikett. Für uns Menschen ist Vergangenheit nicht einfach vergangen und erledigt. Wir tragen sie jeden Tag unseres Lebens mit uns herum. Sie ist ein wichtiger und aktiver Teil unserer Gegenwart und hat auch auf unsere Zukunft erheblichen Einfluß. Die »Gegenwart« ist kein isolierter Augenblick. Sie beinhaltet sowohl unsere gesamte Geschichte als auch die Saat unserer Zukunft. Und die »Zukunft« existiert nur im Kalender getrennt von Vergangenheit und Gegenwart. Sie findet in diesem Augenblick statt. Natürlich beeinflussen äußere Ereignisse unser Leben, aber ob wir es erkennen oder nicht, wir selbst bilden unsere Zukunft aus Vergangenheit und Gegenwart. Wir wären gut beraten, die Wertlosigkeit von Etiketten wie Vergangenheit, Gegenwart und Zukunft zu erkennen und uns das Leben als unteilbaren Prozeß vorzustellen. Dann wäre die Uhr weit mehr als nur ein Mechanismus, der uns die Tageszeit anzeigt.

Wenn wir die Uhr benutzen und die VGZ-Relation im Sinn behalten, entwickeln wir die Gewohnheit, den *Welleneffekt* unserer Handlungen und Entscheidungen zu berücksichtigen. Wir wissen oder glauben zu wissen, worin die unmittelbaren Auswirkungen unserer Beschlüsse und Handlungen bestehen. Aber meistens denken wir nicht über die langfristigen Folgen unserer Handlungen nach und bedenken nicht den vollen Umfang der durch uns ausgelösten Ereignisse und Veränderungen. Zum Beispiel waren unsere Gewerkschaften früher einmal Bastionen der fairen Lohnpolitik und der Rechte der Arbeiter. Heute kämpfen einige Gewerkschaften ausschließlich um höhere Löhne und Renten. Indem sie nur darüber nachdenken, was im Augenblick für sie erreichbar ist, statt das längerfristige Wohlergehen der Unternehmen zu berücksichtigen, haben einige Gewerkschaften die Unternehmen für Übernahmen, ausländische Konkurrenz und Konkurse anfällig gemacht. Eine derartige selbstzerstörerische, einseitige Perspektive übersieht den Welleneffekt.

Manchmal müssen wir auf unsere Glocken hören und allein nach unserem Instinkt handeln. Manchmal müssen wir unserem Nordstern folgen, die Gunst des Augenblicks nutzen und uns über sie freuen. Ich empfehle hier nicht, die Gegenwart für die Zukunft zu opfern. Ich behaupte nur, eine sensible und förderliche Orientierung an der Zeit verlangt, daß wir einen Kompromiß zwischen der Nutzung der Gunst des Augenblicks und der Voraussicht schließen; zwischen kurzfristigem Gewinn und längerfristigen Zielen. Dinge, die zu den größten Freuden des Lebens gehören, wie Wissen und Geschick, ein schlanker und muskulöser Körper oder eine solide finanzielle Basis erfordern in der Aufbauphase ein kurzfristiges Opfer für ein langfristiges Ziel. Andere Vergnügen wie die Freude an einem Sonnenuntergang oder der Genuß einer Lieblingsspeise setzen nur die Fähigkeit zu sinnlichem Genuß voraus. Um die Uhr als Lebenswerkzeug richtig nutzen zu können, müssen wir lernen, sicher auf dem schmalen Grat zwischen Gegenwart und Zukunft zu wandeln und ein ständiges Gleichgewicht zwischen unserem Denken und Fühlen zu wahren.

Richtlinie 4
Modifizieren Sie Ihre Erwartungen

Ebenso, wie die Formel $e = mc^2$ nicht mehr aus der modernen Physik wegzudenken ist, stellt die Formel $r = e + ü$ die Schlüsselgleichung unserer persönlichen Verteidigung gegen eine Vielzahl emotionaler Gefahren dar. In unserer Gleichung steht r für Realität, e für unsere Erwartungen und ü für die unvermeidlichen Überraschungen. Da wir in einer Welt des Fortschritts und der Veränderung leben, können wir heute nicht genau das gleiche wie gestern erhalten. Die Welt verhält sich nicht immer so, wie wir es erwarten.

Weil die Angehörigen der heutigen Babyboom-Generation in einer Ära des unvergleichlichen wirtschaftlichen Wachstums groß wurden, verstehen sie diese Gleichung nicht richtig. Sie wuchsen in der Erwartung auf, das College zu besuchen, hart zu arbeiten und ebensoviel Geld wie ihre Eltern oder mehr zu verdienen. Unglücklicherweise blieb ihr Erfolg, bedingt durch Inflation, internationalen Wettbewerb und Defizite im Staatshaushalt, entmutigend hinter ihren Erwartungen zurück. Sie mögen auf dem Papier mehr verdienen als ihre Eltern, aber die Kaufkraft des Geldes ist geringer geworden. Häuser und Autos sind weit teurer als damals, und ein junges Paar braucht zwei komplette Einkommen, um einen befriedigenden Lebensstandard finanzieren zu können. Die Babyboomer sehen sich der unvermeidlichen, durch Veränderungen bedingten Überraschung gegenüber.

Wenn wir glauben, die Realität entspräche exakt unseren Erwartungen, haben wir die Überraschung vorprogrammiert.

Übergang zur Handlungszeit

Um Innere Fitneß zu erlangen, müssen wir erkennen, daß der qualitative Aspekt der Zeit weit wichtiger als ihr quantitativer Aspekt ist. Wir müssen die

Zeit an dem messen, was wir *tun*, nicht anhand der Erdrotation. Zeit ist die Dimension, aus der wir unsere Bestimmung ableiten. Was zählt, ist, was wir aus der Zeit machen. Zeit ist wie Lehm in der Hand des Modellierers; das Material, aus dem wir unser Leben formen.

Wenn wir an »gestern« denken, stellen wir uns nicht die Zeiger einer Uhr vor. Wir denken an das, was wir getan haben, an die Veränderungen; an alles, was neu und anders war. Zeit, Veränderung und Handlung sind deshalb keine separaten und eigenständigen Konzepte, sondern Aspekte desselben Prozesses. Im Gegensatz zur allgemeinen Meinung können wir verlorene Zeit tatsächlich aufholen. Wie? Indem wir sechzig Sekunden realen Lebens in eine Minute »Realzeit« oder ein Kalenderjahr in zwölf fruchtbare, ereignisreiche und aktive Monate packen.

Haben Sie je bemerkt, daß Sportler und Tänzer nie zu hasten scheinen, ganz gleich, wie rasch sie sich bewegen? Ihre Darbietungen wirken immer kontrolliert. Die energieökonomischen Handlungsabläufe und der Sinn fürs Timing der Sportler ist es, was Ihnen die Uhr und das gesamte Innere-Fitneß-Programm zu bieten haben. Die richtige Anwendung der untereinander in Beziehung stehenden Lebenswerkzeuge kann uns zu einem gesunden Lebensrhythmus konditionieren, der uns hilft, hartnäckige und selbstzerstörerische Verhaltensmuster zu durchbrechen. Der Sekun-

denkleber ist in Verbindung mit der Uhr besonders nützlich, weil er uns dazu veranlaßt, mehr Zeit auf der streßfreien, wortlosen Ebene zu verbringen.
Um innerlich völlig fit zu werden, dürfen wir nicht versuchen, die Uhr anzuhalten und gegen Veränderungen anzukämpfen. Wir müssen uns selbst und unsere Umwelt als veränderlich akzeptieren. Dann sind wir auch mit uns selbst und anderen mehr in Einklang.

Wie Beziehungen die Zeit überdauern

Auch für unsere Beziehungen ist es lebenswichtig, daß wir unsere Aussagen datieren und in Zeitspannen denken. Wenn zwei Menschen mit passender Körperchemie einander treffen und gemeinsame Interessen und Ziele entdecken, gehen sie eine Bindung ein, von der sie erwarten, daß sie lange – möglichst ihr Leben lang – hält. Aber im Lauf der Zeit ändern sich beide, zum Besseren oder zum Schlechteren. Auch ihre Beziehung verändert sich. Diese beiden Menschen können ihre Beziehung nur dann aufrechterhalten und sich in ihr entwickeln, wenn sie der Uhr gebührende Aufmerksamkeit schenken. Lassen Sie mich das durch zwei Formen längerfristiger Partnerbeziehungen verdeutlichen.

1. Sexualpartner. Alle Paare erfahren – unabhängig von ihrem Alter – Veränderungen in ihrem sexuellen Leben. Die Leidenschaft einer neuen und jungen Liebe kühlt durch die Ansprüche, die Beruf und Kinder stellen, und durch die Vertrautheit, die sich durch ein längeres Zusammenleben ergibt, auf ganz natürliche Art ab. Veränderungen in der finanziellen Situation, in der Befriedigung durch den Beruf, in der äußeren Erscheinung und im Selbstvertrauen sowie das Alter wirken sich auf den sexuellen Trieb des Mannes und der Frau aus.
Paare, die beim Sex nicht in Zeitspannen denken, gefährden ihre Beziehung. Sie suchen selbstdestruktive Erklärungen für die natürlichen Gezeiten ihres Sexualtriebes. Sie beschuldigen sich selbst, den anderen oder ihre Beziehung. Sie zweifeln an der Liebe des Partners. Sie lassen zu, daß Sex einen Graben zwischen ihnen schafft, statt in ihm einen Akt zu sehen, der sie einander näherbringt.
Eine gesunde sexuelle Beziehung erfordert, daß beide Partner ihr sexuelles Verlangen datieren und natürliche Veränderungen akzeptieren. Sex$_{20}$ unterscheidet sich von Sex$_{35}$ und Sex$_{65}$, aber er stellt deshalb in keiner Hinsicht eine weniger lustvolle Erfahrung dar. In gleicher Weise sind Sex$_{\text{seit 1 Jahr verheiratet}}$, Sex$_{\text{seit 5 Jahren verheiratet}}$ und Sex$_{\text{seit 25 Jahren verheiratet}}$ verschiedene, aber körperlich wie emotional gleichermaßen befriedigende Erfahrungen.
Eine sexuelle Beziehung ist nicht statisch, sondern ein evolutionärer Prozeß, in dem sich beide Part-

ner anpassen müssen. Die Uhr sensibilisiert uns für die Veränderungen in einer sexuellen Beziehung. Ein wenig Phantasie hilft uns, unsere erotische Vertrautheit in das positive Gefühl zu verwandeln, von unserem Partner sexuell verstanden und anerkannt zu werden. Dann können wir uns die Leidenschaft der Liebe nicht nur erhalten, sondern sie sogar vertiefen.

2. Geschäftspartner. Geschäftspartner, die nicht an die Uhr denken, beschwören eine emotionale und/oder finanzielle Katastrophe herauf. Wenn sie geschäftlichen Erfolg haben wollen, müssen sie die Zeitspannen berücksichtigen und alle wichtigen Punkte ihres gemeinschaftlichen Unternehmens datieren. Sie müssen tief graben und potentielle Probleme und Meinungsverschiedenheiten erkunden, die sich im Lauf der Zeit ergeben könnten. Sie müssen darüber nachdenken, wie sie sich verhalten, wenn das Unternehmen wächst, und welche Rolle ihre Ehefrauen oder -männer in ihrer Partnerschaft spielen. Sie sollten sich über aktuelle Fragen einigen, darunter die Teilung der Arbeit, der Verantwortlichkeiten und des Gewinns. Und sie sollten *im voraus* festlegen, wie sie bei einer späteren Auflösung des Geschäfts vorgehen.
Damit ein gemeinschaftliches Unternehmen erfolgreich ist, müssen beide Partner einer regelmäßigen Neueinschätzung ihrer Partnerschaft zustimmen, um sicherzustellen, daß ihre Ziele,

Lebensweisen und Persönlichkeiten immer noch miteinander harmonieren. In einer Geschäftsbeziehung muß man wie in jeder Partnerschaft den Welleneffekt berücksichtigen und seine Erwartungen entsprechend modifizieren. Das führt auf natürliche Art zu konstruktiven Fragestellungen und hilft uns, Probleme zu lösen, bevor sie sich zu ernsthaften und möglicherweise unlösbaren Konflikten ausweiten.

Lebenswerkzeuge

Konditionierungsübungen

Die Uhr

Schritt 1
Datieren Sie Ihre Aussagen und Gedanken

1. Datieren Sie »Für immer«-Wörter.
Gewöhnen Sie sich an, Ihre Gedanken und Aussagen zu datieren, besonders wenn sie Zeitlosigkeit implizieren. Stellen Sie die Verläßlichkeit Ihrer undatierten und uneingeschränkten Annahmen in Frage. Üben Sie beides im Privat- wie auch im Geschäftsleben.

2. Achten Sie auf undatierte Aussagen.
Achten Sie, wenn Sie das nächste Mal an einer Unterhaltung beteiligt sind, auf Wörter oder Feststellungen, die eine uneingeschränkte oder unveränderliche Realität implizieren. Aussagen dieser Art führen häufig zu Konflikten und Meinungsverschiedenheiten. Umgehen Sie solche Konflikte, indem Sie auf die zeitlich begrenzte Natur solcher Bemerkungen hinweisen.

3. Datieren Sie Ihre Selbstkritik.

Listen Sie alle Ihre persönlichen Merkmale auf, die Ihnen mißfallen. Dann datieren Sie jede dieser Eigenschaften und machen Sie sich ihre vergängliche Natur bewußt. Wie haben sich diese Charakteristika vor fünf Jahren gezeigt? Machen Sie sich eine Notiz, sich in weiteren sechs Monaten neu einzuschätzen. Mit ein wenig Mühe können Sie sich auch Ihre eingefleischtesten Eigenheiten abgewöhnen.

4. Datieren Sie einen Freund.

Denken Sie an einen alten Freund und fragen Sie sich, wie er sich in den letzten Jahren verändert hat. Vergegenwärtigen Sie sich seine Erscheinung, seine Beziehungen, Interessen und Ziele. Versehen Sie die diversen Manifestationen der veränderlichen Persönlichkeit des oder der Betreffenden mit Indexzahlen. Machen Sie sich bewußt, daß Sie – um eine langjährige Freundschaft aufrechtzuerhalten – auch künftig für die Veränderungen Ihres Freundes sensibel und bereit sein müssen, sich ihnen anzupassen. Unternehmen Sie die gleichen Schritte bei allen Ihren privaten und geschäftlichen Partnern.

5. Datieren Sie sich selbst.

Bestimmen Sie, wie sehr Sie sich in der Vergangenheit verändert haben, und bedenken Sie, wie Sie sich künftig verändern und entwickeln könnten.

6. Datieren Sie Ihre Träume.
Wie wir schon anläßlich des Nordsterns sahen, müssen wir auch unsere Träume von Zeit zu Zeit neu einschätzen. Rufen Sie sich einige Ihrer jüngsten und Ihrer am längsten bestehenden Träume in Erinnerung. Datieren Sie sie. Sind sie heute noch aktuell? Glauben Sie, morgen ginge noch die gleiche Faszination von ihnen aus?

Schritt 2
Denken Sie in Zeitspannen

1. Setzen Sie Zeitspannen fest.
Statt sich ständig über Ihre »Zukunft« Sorgen zu machen, sichten Sie Ihr Leben in Fünfjahresintervallen. Wo standen Sie vor fünf Jahren im Vergleich zu heute? Wo wollen Sie in fünf weiteren Jahren stehen? Welche Arbeit wollen Sie tun, wo möchten Sie leben und mit wem? Legen Sie eine Zeitspanne fest, und machen Sie einen konkreten Plan. Die Festsetzung der Zeitspannen wird den Druck von Ihnen nehmen und Ihre Hoffnung für die Zukunft sowie Ihre Energien für einen praktischen Plan zur Erlangung Ihrer Ziele freisetzen.

2. Planen Sie Ihre Ziele.
Schreiben Sie Ihre persönlichen und beruflichen Ziele auf und geben Sie ihnen Zeitspannen. Neh-

men Sie sich vor, Ihre Situation am Ende dieser Spanne zu überdenken und die Veränderungen Ihrer selbst und Ihrer Umwelt mit einzubeziehen.

Schritt 3
Bedenken Sie den Welleneffekt

1. Bedenken Sie die VGZ-Beziehung.
Gehören Sie zu den Menschen, die sich bemühen, die Vergangenheit zu vergessen und nicht an die Zukunft zu denken? Beide sind ständig mit uns, ganz gleich, wie sehr wir uns bemühen, es zu leugnen. »Für den Augenblick leben« ist ebenso ein langfristiges Ziel wie »Für den Ruhestand vorsorgen«. Rufen Sie sich mit Hilfe der Uhr in Erinnerung, daß Ihr gegenwärtiges Leben Teil eines kontinuierlichen Prozesses ist. Aber Vorsicht! Was Sie heute tun, verändert und bestimmt Ihre Zukunft.

2. Projizieren Sie in die Zukunft.
Denken Sie an eine wichtige Entscheidung, die zu treffen Sie im Begriff sind. Vergegenwärtigen Sie sich alle Implikationen verschiedener Handlungsweisen: Wie werden sich diese Beschlüsse auf Sie selbst, Ihre Familie, Ihre Freunde und auf Ihre

berufliche Laufbahn in den nächsten sechs Monaten, im nächsten Jahr, in den folgenden fünf Jahren auswirken? Vergessen Sie nicht, daß sich in dieser Zeitspanne auch alle Menschen in Ihrer Umgebung ändern werden. Den Welleneffekt zu begreifen hilft uns, klügere und durchdachtere Entscheidungen zu treffen.

Schritt 4
Mäßigen Sie Ihre Erwartungen

1. Erwarten Sie das Unerwartete.
Murphys Gesetz besagt: Wenn etwas schiefgehen kann, geht es schief.
Berücksichtigen Sie deshalb in Ihrem Plan, daß sich ein neuer Faktor ergibt oder daß etwas schiefgeht, was Sie in Zukunft tun wollen. Sorgen Sie für Energie-, Zeit- und Geldreserven, um mit dem Unerwarteten fertig zu werden. Dann sind Sie nicht enttäuscht, wenn nicht alles wie geplant verläuft.

2. Benutzen Sie Ihre Imagination.
Mit der richtigen Einstellung und ein wenig Phantasie können Sie einen fehlgeschlagenen Plan in eine günstige Gelegenheit ummünzen. Denken

Sie an einen unerwarteten Vorfall, der kürzlich eine Ihrer Unternehmungen scheitern ließ. Dann entwerfen Sie Methoden, wie Sie diese unliebsame Überraschung in ein Abenteuer oder eine Chance hätten verwandeln können.

Neun
Lebenswerkzeug 6
Die Fliege

Die Dinge sind nicht so greifbar und sagbar, wie man uns gewöhnlich glauben machen will; die meisten Erfahrungen sind unsäglich, sie geschehen in einem Raum, den kein Wort je betreten hat.

Rainer Maria Rilke

Ich muß bei meinen Entscheidungsprozessen ständig eine andere Person berücksichtigen. Mir wird häufig schreckhaft bewußt, daß – während ich eifrig bemüht war, Fakten und Gefühle zu trennen, um zu gültigen Wahrnehmungen, Meinungen und Entscheidungen zu gelangen – jener andere genau dasselbe getan hat. Es ist aber oft ein noch größerer Schock, wenn ich entdecke, wie verschieden unsere Wahrnehmungen und Meinungen sind, obwohl wir beide von denselben sogenannten Fakten ausgingen. Kein Wunder, daß Kommunikation so überaus schwierig ist. Wie schon in Kapitel drei bemerkt, stellen die Wörter selbst größere Hindernisse bei der Kommunikation dar. Wir bestehen darauf, daß sie objektive, universal gültige Bedeutungen haben, als wäre der Verständigungsprozeß nichts weiter als der Austausch von Telegrammen, deren Text für den Absender wie für den Empfänger exakt dieselbe Bedeutung hat. Diese vereinfachende Sicht der Kommunikation entspricht ganz und gar nicht der Wirklichkeit.

Tatsächlich können dieselben Wörter – von verschiedenen Personen in verschiedenen Zusammenhängen vor verschiedenen Zuhörern ausgesprochen – völlig entgegengesetzte Bedeutungen haben. Ein General, der vor seiner Truppe steht und »Feuer!« schreit, meint etwas ganz anderes als ein Mann, der »Feuer!« ruft, weil er Rauch in seiner Wohnung gerochen hat. Der üble Witzbold, der in einem vollen Kino »Feuer!« ruft, obwohl er genau weiß, daß kein Feuer ausgebrochen ist, meint wieder etwas anderes.

Unverdaute Wörter sind wie rohe Nahrung. Nahrung ist erst dann von Wert, wenn sie verdaut wurde. Wörter erlangen erst Bedeutung, wenn sie durch mentale Prozesse »verdaut« wurden.

Der Prozeß, in dem Sie geschriebene Symbole und Handlungen mit Ihren Absichten und Gefühlen verbinden und integrieren, führt zu dem Endprodukt, das wir als »Bedeutung« bezeichnen. Ein Wort kann deshalb für

***mich* eine ganz andere Bedeutung haben als für *Sie*.**

Um von der Sprachverständigung, in der *Wörter* zueinander sprechen, zur organischen Kommunikation zu gelangen, in der *Menschen* zueinander sprechen, müssen wir uns von dem Mythos verabschieden, daß Wörter allein anderen Menschen vermitteln können, was wir fühlen und denken. Statt dessen müssen wir uns folgenden Satz merken:

Kommunikation ist kein statischer Datentransfer von einer Person zur anderen, sondern die Mitteilung individueller Wahrnehmungen.

Unser Leben wäre weit angenehmer, wenn die Menschen sagen würden: »Laß uns einander unsere Wahrnehmungen mitteilen« statt »Laß mich dir sagen, was ich denke«, oder schlimmer »Laß mich dir sagen, wie es ist«.

Sich dieses neue Kommunikationsmodell einzuprägen ist ein großer Schritt in Richtung Innere Fitneß. Ebenso wichtig ist es, dieses Bewußtsein in eine praktische Fähigkeit zu verwandeln. Es reicht nicht aus, jemandem zu sagen: »Teile deine Wahrnehmungen mit« oder »Sei ein guter Zuhörer«. Das wäre so sinnvoll, wie jemandem, der nie eine Klaviertastatur gesehen hat, zu sagen: »Sei ein guter Pianist.« Wie erlangen wir tieferes Verständnis und

Beherrschung dieses Prozesses der Bedeutungsherstellung? Wir müssen unter die Oberfläche dessen schauen, was geschieht, wenn wir mit anderen Menschen sprechen, und den Kommunikationsprozeß in eine fruchtbare Beziehung verwandeln. Wir fangen an, indem wir eine neue »Kommunikationseinheit« finden, die geeignet ist, das Wort zu ersetzen. Das visuelle Symbol dieser Einheit ist der Innere Triangel (Abb. 6).

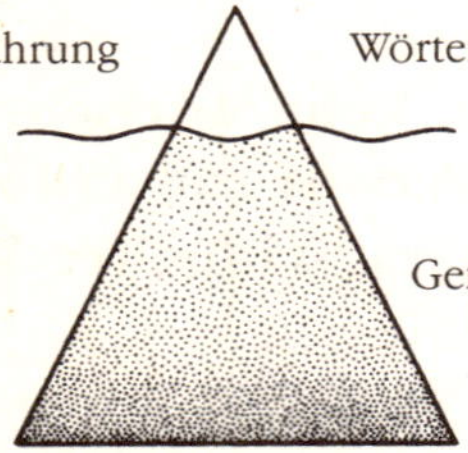

Abbildung 6: Der Innere Triangel

Wie sich nur ein Achtel der Gesamtmasse eines Eisbergs über Wasser zeigt, so sind in meiner Zeichnung nur die Wörter und Handlungen – die Spitze des Eisbergs – über der durch die Wellenlinie angedeuteten Wasseroberfläche sichtbar. Was dem Blick verborgen bleibt, sind die weit wichtigeren – gefährlichen oder wohltuenden – Kräfte, die unterhalb unserer Wörter liegen: unsere persönlichen Absichten, Gefühle und Bedeutungen.
Der Innere Triangel symbolisiert die Verbindung

von Wörtern, Handlungen und all dem, was unterhalb unserer Wörter liegt, und bildet die neue Kommunikationseinheit.

Wenn wir sprechen, übermitteln wir diese integrierte Gesamtheit; wenn wir zuhören, empfangen wir – bewußt oder unterbewußt – die im Inneren Triangel des Sprechenden enthaltene Information.

Der Psychologe Nathaniel Branden spielt in seinem Buch *The Disowned Self* (Das verleugnete Selbst) auf diese organische Fusion an:

Die »Erfahrung« einer Person impliziert, wie sie den betreffenden Vorfall oder Aspekt der Realität wahrnimmt; wie sie ihn beurteilt, einschätzt oder interpretiert und wie sie emotional und körperlich auf ihn reagiert ... Wir können Wahrnehmung, Einschätzung und Erwiderung durch einen Abstraktionsprozeß unterscheiden, aber es scheint, als zeichne das Gehirn diese Elemente als integrierte Einheit auf; als Teil unserer Erfahrung.

Der Innere Triangel mahnt uns, Wörter nicht von dem zu trennen, der sie spricht, und davon, wann, wo und weshalb sie gesprochen werden. Um mit der ganzen Person kommunizieren und sie verstehen zu können, müssen wir unsere eigenen Bedeutungen, Absichten und Gefühle »durchkommen« lassen und sie beim Gesprächspartner erkennen. Wenn ich nur auf Ihre Wörter höre und zu wissen glaube, was Sie meinen, riskiere ich Mißverständnisse und Reibereien mit Ihnen. Es ist schwer, zu akzeptieren, daß Wörter für andere nicht unbedingt dasselbe wie für uns selbst bedeuten. Und es ist nicht leicht, den Glauben aufzugeben, daß Wörter neutral und objektiv sein können. Diesen Tendenzen entgegenzuarbeiten ist die wichtigste Aufgabe unseres nächsten und letzten Lebenswerkzeugs.

Wir stellen vor

Lebenswerkzeug 6

Die Fliege

Die Fliege (Abb. 7) ist die schematische Darstellung des Aufeinandertreffens zweier Innerer Triangeln. Sie illustriert die Interaktion zweier Personen, wobei der Knoten die Stelle darstellt, an der ein Austausch stattfindet. Er ist die vermutete gemeinsame Basis der Wörter und Aktionen. Am Berührungspunkt der Triangeln übermittelt und entnimmt jede der beteiligten Personen ihrer Konversation mit dem anderen ihre persönliche Mischung aus Wörtern, Bedeutungen, Absichten und Gefühlen. Wenn wir uns Punkt für Punkt mit dem Bild der Berührung der beiden Inneren Triangeln befassen, werden wir daran gemahnt, unter die Oberfläche der Wörter zu schauen und wahrzunehmen, was in der anderen Person und in uns selbst vor sich geht. Durch diese Übung erwerben wir mehr Geschick beim Zuhören, Wahrnehmen und Kommunizieren.

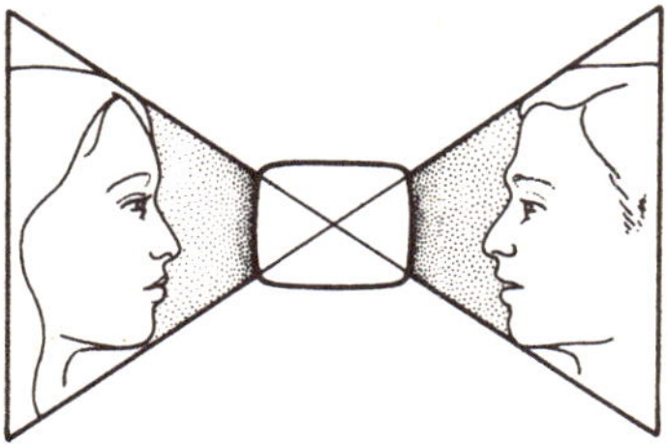

Abbildung 7: Die Fliege

Wann immer Menschen interagieren, bildet sich eine Fliege. Bedenken Sie nur, was die scheinbar harmlose Begrüßung mit den Worten: »Wie geht es Ihnen?« alles beinhaltet. Was Sie damit meinen: die Absicht hinter den Wörtern, der Ton Ihrer Stimme und die Gefühle, die Sie veranlaßten, es zu sagen – das alles zusammen bildet Ihren Inneren Triangel. Und die Antwort des anderen – ein paar Wörter, ein stummes Nicken, eine unbestimmte Handbewegung – entschleiert in ähnlicher Weise nur die Spitze seines Inneren Triangels.
Aber wie können wir entdecken, was im Inneren Triangel einer anderen Person wirklich vor sich

geht? Von Zeit zu Zeit verbirgt jeder von uns seine wahren Gefühle unter Wörtern; vielleicht weil er verlegen ist oder die Gefühle des anderen nicht verletzen will, weil er schlau sein will oder sich in einer heiklen Situation befindet. Tatsache ist, daß wir nie *genau* wissen können, was in einem anderen vorgeht. Aber wir können merken, *daß* etwas in ihm vorgeht, und unser Bestes tun, um in engeren Kontakt mit den Bedeutungen und Absichten im Triangel eines anderen zu gelangen.
Dazu möchte ich folgende Vorschläge machen:

1. Wenn Sie wissen möchten, was eine Person denkt oder fühlt oder welche Absichten sie hat – fragen Sie.
Sie werden überrascht sein, wie entwaffnend eine direkte Frage selbst auf die reserviertesten Menschen wirken kann.

2. Wenn Sie auf Widerstand stoßen, seien Sie selbst offen und aufrichtig.
Zeigen Sie Ihre eigenen Aktivitäten unter der Oberfläche – Ihre Bedeutungen und Gefühle –, selbst wenn sie widersprüchlich sind. Ihre Ehrlichkeit könnte bewirken, daß auch Ihr Gesprächspartner aufrichtig reagiert. Ehrlichkeit ist ein Schlüssel zur Kommunikation.

3. Versuchen Sie, sich »parallelzuschalten«.
Sprechen Sie aus, was Ihr Gesprächspartner Ihrer Meinung nach denkt oder fühlt. Er könnte diese

Vermutung scharf zurückweisen und dabei seine wahren Gefühle offenbaren – oder erleichtert zugeben, daß sie zutrifft.

4. Achten Sie auf die Körpersprache.
Schaut Ihnen Ihr Gesprächspartner beim Sprechen in die Augen, oder richtet er den Blick auf den Boden oder zur Seite? Sind seine Hände entspannt und geöffnet, hat er sie defensiv an der Seite geballt, oder spielt er nervös mit ihnen? Achten Sie auf sichtbare Anzeichen, die Ihnen Aufschluß über den Gemütszustand des anderen geben.
Wir wollen jetzt einige bedeutsamere und weniger zufällige Äußerungen betrachten, die mit der Fliege zu tun haben.

»Würdest du mir einen Drink machen?«

Jennifer ist zu Tode erschöpft. Sie hat den ganzen Tag über gearbeitet, das Essen bereitet, die Kinder zu Bett gebracht und sich schließlich zu einer wohlverdienten Ruhepause auf die Couch gelegt. »Würdest du mir einen Drink machen?« fragt sie Kevin, ihren Mann.
Kevin erwidert in abwesendem Ton: »Einen Augenblick noch«, ohne die Nase aus der Zeitung zu nehmen.
Jennifer explodiert. »Vergiß es! Ich wollte dich auf keinen Fall stören«, sagt sie sarkastisch. »Ich gehe schon selbst.«

Kevin starrt sie entgeistert an. »Was ist los mit dir?« erkundigt er sich. »Ich *sagte* doch, daß ich ihn dir mache.«
Was hat Kevin falsch gemacht? Er machte den klassischen Fehler, den Satz seiner Frau wörtlich zu interpretieren und zu beantworten, statt sich in die versteckte Botschaft hinter den Wörtern einzustimmen. Jennifer hat vielleicht auch einen Drink haben wollen, aber hauptsächlich wünschte sie sich ein bißchen mehr Aufmerksamkeit, ein bißchen Bemutterung, ein bißchen liebende Fürsorge. Weil Kevin der Wichtigkeit der Fliege gegenüber unsensibel war, entging ihm die wahre Bedeutung des Wunsches seiner Frau. Wenn wir die Fliege zu oft übersehen, weiten sich die kleineren Brüche in unseren Beziehungen zu nicht mehr überwindbaren Gräben.

»Ich brauche dich und will dich.«

Bob, ein junger Anwalt, sagt zu Joan, einer Unternehmensberaterin, die er zu heiraten gedenkt, daß er sie »braucht und will«. Seine Wörter wirken klar, positiv und sogar romantisch. Joan denkt, als sie Bob seinen Wunsch nach einer Seelengefährtin ausdrücken hört, an ihre eigene romantische Vorstellung von einer idyllischen, wahren Liebe. Und wie wir alle wissen, überwindet die Liebe alles. Also heiraten die beiden, und alles ist licht und freundlich – eine Weile lang. Eine sehr kurze Weile.

Aber unglücklicherweise dauert es sieben lange, geisttötende Jahre, bis Joan erkennt, daß Bob sie als Hausfrau, Sexpartnerin, Renommierfrau und Pflegerin seiner Kinder aus einer früheren Ehe »brauchte«! Die Ehe endet in einer schmerzlichen und traumatischen Scheidung.

Was ist schiefgelaufen? Wie kam es, daß zwei intelligente Menschen Opfer einer derart unterschiedlichen Interpretation wurden? Der Fehler liegt darin, daß Bob und Joan wie so viele von uns wie Traumwandler durchs Leben gingen, ohne zu begreifen, daß Wörter verschiedene Bedeutungen haben, und ohne zu erkennen, daß wir nicht allein mit Wörtern kommunizieren.

Hätte Joan vom Modell der Fliege gewußt und ihren Inneren Triangel betrachtet, würde sie folgendes vorgefunden haben:

Seine Worte: Ich brauche dich und will dich.

Ihre Bedeutung: Er braucht und will *mich* vor allen anderen Frauen. Deshalb bin ich für ihn wichtig. Ich bin etwas Besonderes. Niemand sonst will mich. Ich bin allein, und er kann ohne mich nicht leben. Wir werden uns näherkommen, wenn wir älter werden.

Ihre Absichten: einen Seelengefährten zu finden, der ihr Leben teilt und vollständig macht.

Ihre Gefühle: Romantik, Streben nach Sicherheit, Furcht.

Wäre Joan in Bobs Inneren Triangel getaucht, würde sie das folgende gefunden haben:

Seine Worte: Ich brauche und ich will dich.

Seine Bedeutungen: Ich brauche eine Frau, die mein Leben ausfüllt und meine Bedürfnisse befriedigt. Ich brauche jemanden, der sich um meine Kinder kümmert. Ich brauche eine Frau, um in meinem Beruf weiterzukommen. Ich bin es müde, mich ständig bemühen zu müssen, und möchte zur Ruhe kommen.

Seine Absichten: eine Frau als Besitz zu erwerben; ein Eigentum, das sich auszahlt und das er mit der Aussicht auf finanzielle Sicherheit bezahlen kann.

Seine Gefühle: sexuelle Anziehung, Habgier, die Suche nach Sicherheit.

Wäre sie sich des Austauschs zwischen ihren beiden Triangeln bewußt gewesen, hätte Joan ihre eigenen Bedeutungen und Absichten entschleiern können. Und dann hätte sie Bob sicherlich eingehendere Fragen gestellt. Ihr Bemühen um eine gesunde Verständigung hätte sie erkennen lassen, was Bob mit seinem Ausspruch »Ich brauche dich« eigentlich gemeint hat. Es wäre der Beginn und nicht das Ende der Kommunikation zwischen ihnen gewesen.

»Laß uns tanzen!«

Sandra, Herausgeberin eines führenden Modemagazins, ist mit ihrem Mann Freddie bei einem Dinner, zu dem Industrielle aus mehreren Sparten eingeladen wurden.
»Laß uns tanzen!« flüstert sie ihm zu und ergreift seine Hand.
»Ich habe jetzt keine Lust«, erwidert er. »Die Musik gefällt mir nicht.«
Bald beschimpfen und streiten sie sich und werfen sich die üblichen Anschuldigungen an den Kopf. Schließlich stürmt Sandra aus dem Ballsaal, gefolgt von ihrem stillen, rationalen und selbstgerechten Ehemann.
Wie hätte das Modell der Fliege diesem Paar helfen können? Hätte Freddie sich bemüht, die Bedeutung hinter den Worten seiner Frau herauszuhören, würde er erkannt haben, daß ihr Wunsch, zu tanzen, ihr Verlangen ausdrückte, in Erscheinung zu treten und geschäftliche Beziehungen anzuknüpfen. Wäre er ihren Bedürfnissen gegenüber sensibler gewesen, hätte er bemerkt, wie wichtig der Anlaß für sie war, und würde ihr trotz seiner Abneigung gegen das Tanzen den kleinen Gefallen getan haben.
Sandra hingegen hätte ihrem Mann gegenüber sensibler sein können. Da sie wußte, daß er nicht gern tanzte – besonders nicht vor Publikum – und daß er sich schon in seiner Rolle als »Gemahl« bei die-

sem Geschäftsessen unwohl fühlte, würde sie sich bemüht haben können, es ihm leichterzumachen. Sie hätte sagen können: »Ich weiß, daß du nicht tanzen möchtest, aber es ist wichtig für mich, daß ich bei diesem Anlaß gesellig erscheine. Wenn du mit mir tanzt, verspreche ich, am Samstag mit dir zu diesem Softballspiel zu gehen.« Durch Darlegung ihrer Motive und ihrer Kompromißbereitschaft hätte Sandra die Kommunikation mit Freddie erleichtert und den Streit vermieden.

Die Fliege beim Verkauf

Kommunikation ist das Herz der Überzeugung. Wir sind häufig in Situationen, in denen wir unsere Ideen, Produkte oder Überzeugungen anderen »verkaufen« müssen. Es ist bei jedem Handel wichtig, daß der Verkäufer die beste Taktik wählt, um einen potentiellen Kunden zum Kauf zu motivieren. Und er muß die Gefühle und Befürchtungen hinter den Wörtern des Klienten heraushören.
Logik ist nicht immer die beste Methode. Eine logische und rationale Taktik kann sogar ganz falsch sein. Vor einiger Zeit habe ich versucht, einen potentiellen Investor für die Gründung einer Gelegenheitsgesellschaft zu interessieren. Ich war innerlich bereit, ihm einen sechzigprozentigen

Anteil zu überlassen. Aber er wirkte ungewöhnlich vorsichtig und skeptisch. Alles, was er sagte, deutete darauf hin, daß seine irrationale Furcht, übervorteilt zu werden, sein logisches Denken überstimmte. Meine Glocken läuteten. Ich hielt inne und stimmte mich auf seinen Inneren Triangel ein. Ich beobachtete seine Körpergestik und bemerkte eindeutige Hinweise auf seine Furcht und sein Unbehagen. Ich sagte ihm, daß ich ihn für ängstlich hielt. Das veranlaßte ihn dazu, mir von seinen früheren schlechten Erfahrungen in bezug auf Gelegenheitsgesellschaften zu erzählen. Ich stellte ihm einige gezielte Fragen, und seine Antworten ließen keinen Zweifel daran, daß ich ihn vor allem emotional beruhigen mußte; ganz gleich, welche Vorschläge ich ihm machte. Ich dachte an seinen Inneren Triangel und war schließlich sicher, daß ihn mein Angebot überzeugen würde, wenn ich ihm einen fünfzigprozentigen Deal anbot – zehn Prozent weniger, als ich vorgehabt hatte! Fifty-fifty besaß den beruhigenden Klang der Fairneß: Was du gewinnst, gewinne auch ich, was du verlierst, verliere ich ebenfalls. Wir stecken beide in der Sache. Hätte ich ihm einen sechzigprozentigen Anteil geboten, würde er sich vielleicht gefragt haben: Weshalb nicht siebzig Prozent?

Er erklärte sich einverstanden.

Die Fliege zu benutzen und sich in den Inneren Triangel des Gesprächspartners einzustimmen hilft nicht nur, besser zu kommunizieren, sondern

auch zu überzeugen. Diese Fähigkeit kann uns mächtig und erfolgreich machen.
Wenn sich zwei Personen mit ihren unterschiedlichen Lebensgeschichten, Bedürfnissen und Absichten unterhalten, haben die Wörter, die sie benutzen, kaum für beide dieselbe Bedeutung. Denken Sie daran: Jedes Wort trägt das Gepäck der Vergangenheit dessen, der es ausspricht. Es ist mit seinen Vorurteilen, Neigungen, Werten, religiösen und politischen Überzeugungen und vorher adaptierten Ideen befrachtet. Jeder Mensch hat seine Fähigkeiten, seinen Intelligenzlevel, seinen kulturellen Hintergrund und seine neurotischen Verhaltensweisen. Wir können demnach niemals sicher sein, wirklich zu verstehen, was jemand sagt, oder zu wissen, ob er versteht, was *wir* sagen.

Verlagern Sie Ihre Aufmerksamkeit

Die Fliege und die Semantische Glocke arbeiten eng zusammen. Um zu kommunizieren, müssen sich beide Gesprächspartner vergewissern, auf welcher Ebene der andere steht. Spreche ich in Details, während Sie in Gesamtkonzepten denken? Oder spreche ich in konzeptuellen Begriffen, und bei Ihnen sind die Gefühle wichtiger? Wenn es sich so verhält, stehen die Chancen für eine frucht-

bare Unterhaltung zwischen uns ebenso schlecht, als befänden Sie sich im zweiundneunzigsten Stockwerk und ich riefe vom Parterre aus zu Ihnen hoch. Damit unsere Wahrnehmungen wirklich synchron sind, müssen wir bereit und willens sein, unsere Aufmerksamkeit nicht nur von Konzepten auf Details und von dort aus auf die Körpersprache zu richten, sondern auch von innerer auf äußere Orientierung und wieder zurück.
Oft geben wir nur vor, auf das zu achten, was der andere sagt und fühlt. In Wirklichkeit gilt unsere Aufmerksamkeit allein *unseren* Gefühlen, Bedeutungen und Absichten. Um zu erfahren, was tatsächlich im Inneren des Gesprächspartners geschieht, müssen wir unsere Ichbezogenheit aufgeben. Nur wenn wir flexibel und offen sind, können wir uns einstimmen und einen echten Kontakt herstellen. Und darum geht es im Leben eigentlich – daß wir einander unsere wahren Gedanken und Gefühle mitteilen, um Freud und Leid miteinander zu teilen, unsere Ziele zu erreichen und unsere Einsamkeit zu überwinden.
Eine einfache Verlagerung der Perspektive kann unseren Eindruck von einer Situation und unsere gesamte Wahrnehmung dessen, was uns mitgeteilt wird, verändern. Denken Sie daran:

Wörter sprechen nicht, Menschen sprechen.

Wenn wir die Fliege als Lebenswerkzeug anwenden, bis sie uns zur zweiten Natur geworden ist, befähigt sie uns, hinter die Wörter zu schauen und jene geringfügigen Veränderungen der Perspektive vorzunehmen, die uns Macht und Kontrolle über unser eigenes Leben verleihen – das »Ich wähle«-Leben.

Die Fliege und die Intuition

Die Intuition spielt in der Kommunikation eine tragende Rolle. Um unser Bewußtsein für die Triangeln der anderen zu schärfen und unsere Kommunikationsfähigkeit zu vergrößern, müssen wir nicht nur auf einer bewußten Ebene denken und prüfen, wir müssen uns außerdem auf unsere Instinkte und unsere »weichere Seite« verlassen. Bei dem Versuch, uns in den Triangel eines anderen einzustimmen, sollten wir die intuitiven Werkzeuge nutzen – den Sekundenkleber und die Glocken. Sie helfen uns, einen Blick auf die Gedanken, Bedeutungen, Absichten und Gefühle hinter der Maske der Worte zu werfen. Weil die eigentliche Kommunikation zwischen und hinter den Wörtern stattfindet, müssen wir auf unsere inneren Signale achten und auf unsere Herzen hören. Nur dann entwickeln wir die nötige Chemie, um jenen »sympathisch« zu werden, mit denen wir zu kommunizieren wünschen, und kommen ihnen nahe.

Die Fliege und die innere Harmonie

Oft handeln wir nicht unserem Empfinden gemäß. Um Innere Fitneß zu erreichen, müssen wir uns ständig bemühen, diese Lücke zu schließen. Vor allem müssen wir aufrichtig zu uns selbst sein. Wenn wir Wörter verwenden, sollten sie unsere wahren Gefühle ausdrücken. Wir müssen mehr über unsere eigentlichen Absichten und Ziele sprechen. Dadurch lernen wir, die Sprache geschickter und passender anzuwenden. Der Tropfen Sekundenkleber ermöglicht uns Pausen zwischen den Wörtern, die unseren Gefühlen ermöglichen, aufrichtig und frei in den Ton unserer Stimme, unseren Gesichtsausdruck und in die Körpersprache einzufließen. Die Fliege ermöglicht uns nicht nur eine geschicktere Kommunikation, sondern darüber hinaus einen zunehmenden Sinn für innere Harmonie.

Was tun Sie, wenn Sie sich in einer Beziehung oder einer beruflichen Situation befinden, die aus praktischen Gründen verlangt, daß Sie Ihre wahren Gefühle unterdrücken? Denken Sie darüber nach, wie Sie entweder Ihre Wahrnehmung oder die Situation verändern können. Sollte das nicht möglich sein, so besteht nur noch eine Möglichkeit: Bringen Sie es hinter sich!

Lebenswerkzeuge

Konditionierungsübungen

Die Fliege

Schritt 1
Einstimmung auf den Inneren Triangel

1. Stellen Sie sich den Triangel visuell vor.
Denken Sie bei Ihrem nächsten Gespräch an die unausgesprochenen Gefühle und Gedanken, die sich hinter Ihren scheinbar neutralen Worten verbergen. Visualisieren Sie einen Inneren Triangel, um sich an Ihre verborgenen Motive zu erinnern.

2. Denken Sie an die Spitze des Eisbergs.
Visualisieren Sie Ihre Worte als die Spitze Ihres mentalen und emotionalen Eisbergs. Denken Sie an all die hinter jeder Ihrer Aussagen verborgenen Erwägungen und Gefühle. Üben Sie bei Ihrem nächsten Gespräch, sich in die Gefühle und Absichten hinter Ihren Aussprüchen einzustimmen.

3. Interpretieren Sie den Triangel einer anderen Person.

Wählen Sie mindestens drei Gelegenheiten aus und entwickeln Sie Ihr Bewußtsein für den Inneren Triangel eines anderen. Ob Sie in einer einfachen Unterhaltung, einer Diskussion oder einer Geschäftsbesprechung sind – konzentrieren Sie sich auf Ihren Gesprächspartner. Spüren Sie seine mentalen und emotionalen Aktivitäten hinter der Szene auf. Lesen Sie seine Körpersprache. Was sagt sie ihnen? Fragen Sie Ihren Gesprächspartner; »Was meinen Sie damit?«, »Weshalb sagen Sie mir das?« oder »Was haben Sie wirklich im Sinn?« Offenbaren Sie Ihre eigenen Gedanken und Gefühle. Ihre Offenheit und Aufrichtigkeit wird den anderen dazu bringen, aus sich herauszugehen. Stellen Sie eine Parallelschaltung her, und sagen Sie ihm, was er Ihrer Meinung nach denkt. Tauchen Sie tiefer und versuchen Sie, einen Kontakt mit seinem Triangel herzustellen.

Schritt 2
Die Entdeckung der Fliege

1. Stellen Sie die Fliege visuell dar.

Zeichnen Sie eine Fliege auf ein Blatt Papier. Schneiden Sie das Modell aus einem Stück Karton. Ätzen

Sie es in Ihr Denken. Wenn Sie das nächste Mal in einem Gespräch begriffen sind, stellen Sie sich das visuelle Modell der Fliege vor, um sich daran zu erinnern, daß Kommunikation zwischen zwei einzigartigen menschlichen Wesen stattfindet, die in diesem Augenblick ihre persönlichen Bedeutungen ins Spiel bringen.

2. Fassen Sie zusammen.
Hören Sie zu, wenn jemand zu Ihnen spricht. Aber bevor Sie antworten und Ihre Meinung kundtun, fassen Sie laut zusammen, was Ihrer Meinung nach im Inneren Triangel des Gesprächspartners abläuft. Führen Sie sich seinen Fall vor Augen, bevor Sie Ihren Fall daraus machen. Achten Sie darauf, wie Ihnen diese Vorgehensweise hilft, sich auf die andere Person zu konzentrieren.

3. Seien Sie offen.
Wir alle verfallen in Routinen und Muster, aber das bedeutet nicht, daß wir unseren Geist verschließen sollten; weder vor uns selbst noch vor anderen. Ist Ihr Geist offen? Sind Sie bereit, einer Person zuzuhören, während Sie ihren Standpunkt darlegt, obwohl Sie bereits eine Meinung dazu haben? Versuchen Sie es in den folgenden Tagen. Denken Sie an die Fliege, und versuchen Sie, Ihren Geist und Ihre Ohren so zu öffnen, daß Sie Ihrem Ehepartner, Arbeitskollegen oder Freund wirklich zuhören, und Sie werden diese Menschen in einem neuen Licht sehen.

4. Verändern Sie Ihre Perspektive.
Wenn Sie das nächste Mal versuchen, sich eine Meinung zu bilden, und nicht ganz durchzukommen scheinen, versuchen Sie, Ihren Standpunkt und Ihre Gewichtung zu verändern. Richten Sie Ihre Aufmerksamkeit fort von den Fakten auf Ihre Gefühle. Drücken Sie aus, was Sie bezüglich Ihres Gegenstands empfinden und weshalb er so wichtig für Sie ist. Oder wenden Sie sich den Bedeutungen und Absichten zu und betonen Sie, was der Gegenstand für Sie und Ihre Absicht bedeutet, Ihren Gesprächspartner zu überzeugen.

5. Überzeugen Sie.
Stellen Sie sich vor, jemandem etwas »verkaufen« zu müssen; ein Produkt, einen betrieblichen Plan oder die Idee einer Gehaltserhöhung oder einer Beförderung. Denken Sie bei der Planung des Gesprächs daran, Ihre Strategie auf das zu gründen, was Sie über Ihren Gesprächspartner wissen – über seine Gefühle, Befürchtungen und Ambitionen. Wenn die Zeit gekommen ist, achten Sie genau darauf, was sich hinter den Worten des anderen verbirgt, und richten Sie Ihre Taktik entsprechend aus. Versuchen Sie, die Fakten zu vergessen. Benutzen Sie Ihren eigenen Inneren Triangel, um den Kontakt mit dem Inneren Triangel Ihres Gesprächspartners herzustellen.

6. Lassen Sie Ihre Gefühle sprechen.
Zu häufig verstecken wir uns hinter Worten und benutzen sie als Tarnung unserer Gefühle. Weichen Sie von diesem Weg ab, und fassen Sie Ihre Gefühle einen ganzen Tag lang in Worte. Durchbrechen Sie die Barriere zwischen sich und dem anderen, indem Sie Ihre Aufmerksamkeit auf die Inneren Triangeln richten. Behandeln Sie Ihren Gesprächspartner als fühlendes, empfindendes Wesen. Wagen Sie etwas. Stellen Sie einen Kontakt her. Lassen Sie Ihr wahres inneres Selbst sprechen. Vielleicht entdecken Sie dann bei sich selbst ein neues Ich, und Ihren Freunden, Geschäftspartnern und Ihrer Familie geht es ebenso.

TEIL 3

Der Schwung nach vorn

Zehn
Die Lebenswerkzeuge
Arbeitsblatt

Das Ziel des Innere-Fitneß-Programms besteht darin, uns mit den Fähigkeiten auszustatten, erstens Gelegenheiten zur eigenen Auswahl in unserem Leben zu schaffen und zweitens die emotionale Stärke zu erlangen, die wir brauchen, um unsere Träume zu verwirklichen. Wir können dieses Ziel nur erreichen, wenn wir die Lebenswerkzeuge zu einem Bestandteil unseres Lebens machen. Ebenso, wie wir Training und richtige Ernährung zu einem Teil der täglichen Routine gemacht haben, müssen wir die Lebenswerkzeuge in unseren Alltag einbauen, um mental und emotional fit zu werden.

Wie gehen wir dabei vor? Indem wir die sechs Werkzeuge stets präsent haben und uns ihre Botschaft vergegenwärtigen, sooft wir uns einem Problem gegenübersehen, uns in einer schwierigen Lage oder einer emotionalen Krise befinden. Indem wir an unseren geringeren inneren Konflikten üben, um für größere Krisen gerüstet zu sein. Indem wir uns die Bilder der Werkzeuge vor Augen halten, um unseren Geist zu trainieren und uns zur imaginativen Lösung von Problemen zu konditionieren. Indem wir bei der Suche nach neuen und kreativen Betrachtensweisen des Lebens das in der Folge beschriebene Arbeitsblatt benutzen. Und indem wir immer wieder und wieder auf diese Hilfsmittel zurückgreifen, wenn bestimmte Situationen auftauchen.

Jedes dieser Werkzeuge greift in das Anwendungsgebiet der anderen über und vergrößert ihre Brauchbarkeit. Das durch die Punkte im Kreis geschärfte Bewußtsein für Wahlfreiheit kann durch den Sekundenkleber erwacht sein, denn ein Aufschub unserer Reaktionen führt dazu, daß wir das Offensichtliche und Überlieferte in Frage stellen können. Die Warnung der Glocken hat zur Folge, daß wir den Nordstern heller leuchten sehen. Unser gesteigertes Gehör für die Glocken schärft unseren Blick für Veränderungen anderer Menschen, und es hilft uns, uns den Kommunikationsprozeß der Fliege zunutze zu machen.

Versuchen Sie anläßlich eines bestimmten Problems, die Lebenswerkzeuge eines nach dem anderen anzuwenden, und entwerfen Sie ein Arbeitsblatt. Es besteht in einer Auflistung aller sechs Werkzeuge, die Sie dann der Reihe nach bei einem aktuellen Problem anzuwenden versuchen. Sie können das Arbeitsblatt auch bei einem Konflikt verwenden; als eine Art Therapie, die Ihnen hilft, eine schwierige Situation zu analysieren und in einem neuen Licht zu sehen. Ein solcher systematischer Ansatz erlaubt Ihnen, ein akutes Problem dynamisch einzuschätzen und eine kreative Lösung zu finden.

Wenn wir die Übungen am Ende der Kapitel ausführen und uns ihre Botschaften täglich vor Augen führen, werden die Werkzeuge zu einem Teil unserer selbst. Sie sind dann auf natürliche, unbewußte Art an unseren Entscheidungsprozessen beteiligt. Statt tatsächlich das Bild der Punkte im Kreis zu sehen, werden wir dazu konditioniert, unseren Geist offenzuhalten, wenn wir über unsere Möglichkeiten nachdenken. Nach einer Weile führt der Werkzeuggebrauch zu einer kreativen Einstellung den Dingen gegenüber, die eine neue Art zu denken zur Folge hat.

Wir werden jetzt sehen, wie die Werkzeuge in einem System zusammenwirken. Die ersten beiden Beispiele zeigen den Einsatz der Werkzeuge anhand eines Arbeitsblatts. Es folgen zwei Fallgeschichten, in denen mehrere Werkzeuge benutzt wurden.

Arbeitsblatt zu Fall eins

Sandra

Im Kapitel neun habe ich die Geschichte Sandras erzählt, der Herausgeberin eines Modemagazins, die mit ihrem Mann auf einem Industriellendinner war. Weil sie glaubte, es sei für ihre Karriere wichtig, sich auf dem Dinner angeregt zu geben, bestand sie darauf, daß ihr oft gefühlloser Ehemann Freddie mit ihr tanzte, statt sauertöpfisch und distanziert am Tisch hocken zu bleiben. Als er erwiderte, er möge die Musik nicht und habe keine Lust zu tanzen, begannen sie zu streiten, und schließlich stürmte Sandra aus dem Saal. Als die beiden später nach Hause kamen, stritten sie erbittert.

Im vorigen Kapitel habe ich beschrieben, wie die Fliege diesem Paar hätte helfen können, ihre gegenseitige Unsensibilität zu überwinden und ihren Konflikt beizulegen. Tatsächlich habe ich Sandra am Tag nach diesem Vorfall getroffen. Sie war über den Streit bestürzt. Ich forderte sie auf, die Lebenswerkzeuge anhand des Arbeitsblatts anzuwenden. Ihre Arbeitsblattanalyse zeigt, wie sie alle Lebenswerkzeuge zur Anwendung brachte und wie sie ihr halfen, ihr Problem zu verstehen, durchzuarbeiten und mehrere Lösungen zu finden. Und sie zeigt ihre dem Streit zugrundeliegenden ständigen Reibereien mit ihrem Ehemann. Beachten Sie die Veränderung im Brennpunkt und in der Entwicklung der Gefühle und Gedanken Sandras.

Der Tropfen Uhu: Wenn ich einen Tropfen Uhu auf meine Lippen gebe, versiegt der Fluß der zornigen Worte. Ich halte inne und bemühe mich, zur Besinnung zu kommen. Ich höre auf, Freddie die Schuld zuzusprechen; anzunehmen, ich wüßte, was vor sich geht; und meinen Ärger zu rechtfertigen. Ich schließe die Augen und werde still. Ich öffne mich neuen Gefühlen und Einsichten. Meine tiefe Liebe zu Freddie steigt empor. Vielleicht trifft mich ein Teil der Schuld.
Vielleicht bin ich zu sehr auf meine Erscheinung bedacht. Ich möchte eine Lösung ausarbeiten. Ich nehme zwei Tropfen Uhu, atme tief und fühle, wie sich mein Zorn legt. Ich konzentriere mich darauf, zu fühlen, statt zu denken. Meine Sensibilität nimmt zu. Meine übliche verengte und geschäftsmäßige Perspektive weitet sich, und ich sehe die Dinge in einem anderen Licht.

Die Glocken: In dem Moment, als ich Freddie drängte, mit mir zu tanzen, habe ich meine Glokken läuten hören. Ich sah sein Gesicht. Ich hatte es im Gefühl, daß etwas geschehen würde. Und doch habe ich die Warnsignale überhört. Hatte ich tatsächlich einen Streit provozieren wollen? War die Heftigkeit meiner Reaktion vielleicht auf meine eigenen, vielfältigen Gefühle zurückzuführen; auf mein Schuldgefühl deswegen, weil ich mich vor meinen Kollegen und Vorgesetzten produzieren wollte? Oder empfand ich Feindseligkeit, weil Freddie mir wegen meines Erfolgs Schuldgefühle eingab? War er störrisch und selbstsüchtig, oder ließ ich nur meinen Ärger an ihm aus?

Die Punkte im Kreis: Das Problem hat offensichtlich nichts mit dem Tanzen zu tun. Was war das eigentliche Problem? Welche Kreise sollte ich ziehen? Die Hauptkreise scheinen sein ständiges Problem mit meinem beruflichen Erfolg und mein Unglücklichsein über den Mangel an Wärme und Gefühl, den er seit kurzem zeigt, zum Mittelpunkt zu haben.
Welche Möglichkeiten habe ich? Scheidung. Trennung. Eine Affäre. Aber ich liebe Freddie. Urlaub. Zweite Flitterwochen. Ein offenes Gespräch über unsere Probleme. Weitere Punkte. Eine Eheberatung. Berufsberatung. Möglicherweise ist es das. Vielleicht liegt unser Problem in Freddies Unzufriedenheit mit seiner eigenen Arbeit begründet. Sein Job frustriert ihn seit Jahren, und ich war zu sehr mit meiner eigenen Karriere beschäftigt, um zu sehen, wie sehr seine Arbeit ihn und unsere Beziehung beeinflußte. Möglicherweise können wir diese Krise überwinden, wenn ich ihn ermutige, sich eine neue und anregende Tätigkeit zu suchen.

Der Nordstern: Ich hege seit langem den Traum, daß Freddie und ich uns eines Tages aus dem Kampf um die Jobs zurückziehen und unser eigenes Geschäft auf dem Lande haben. Die nötige Erfahrung haben wir. Es fehlt uns nur an Kapital. Dann könnten wir eine Familie gründen. Vielleicht sollte ich mit ihm darüber sprechen; anfangen, Pläne zu machen und zu sparen. Vielleicht finden wir heraus, welche Faszinationen uns gemeinsam sind, und entscheiden uns, welche Art von Geschäft wir eröffnen. Wir lieben beide Antiquitäten. Wir lieben beide Kneipen auf dem Land. Wenn wir einen Traum teilen und gemeinsam an seiner Verwirklichung arbeiten, kommen wir einander auch näher, und unsere Beziehung wird harmonischer.

Die Uhr: Ich fühle mich unsicher. Ich bin von Freddie und seinem Beifall abhängig. Aber das sind alte Gefühle; ein Überbleibsel aus einem früheren Stadium unserer Beziehung. Als wir uns begegneten, war er ein Senior und ich eine Anfängerin auf dem College. Ich sah zu ihm auf und glaubte, er sei voller Weisheit und Selbstvertrauen. Er war ein Intellektueller, und ich bewunderte seine rationale, logische Sicht der Welt. Aber ich bin nicht mehr dieselbe wie damals, und er hat sich ebenfalls verändert. Sandra$_{1990}$ und Freddie$_{1990}$ unterscheiden sich stark von Sandra$_{1980}$ und Freddie$_{1980}$. Heute stehen wir auf der gleichen Stufe. Ich weiß jetzt, daß er stur und unsicher sein kann. Er hat Probleme, seine Gefühle auszudrücken; wie sein Vater. Seit kurzem hat unser Sexualleben nachgelassen. Ich hatte angenommen, das sei nach zehn Ehejahren normal. Ich dachte, es sei vielleicht eine Folge von Veränderungen in unserer Beziehung und des zunehmenden Ärgers aufeinander. Vielleicht sollte ich eine Zeitspanne für die Erneuerung unserer Eheschwüre und die Verwirklichung unserer Träume festsetzen, so daß wir ein konkretes Ziel haben, auf das wir hinarbeiten können.

Die Fliege: Weshalb weigerte sich Freddie, zu tanzen? Was ging in seinem Inneren Triangel – getarnt hinter den Worten seiner Ablehnung – vor sich? Ich versuche, mir die Welt aus der Sicht Freddies vorzustellen. Vielleicht war sein Ego verletzt. Ich hatte ihn nicht nur gebeten, mich zu dem Dinner zu begleiten, sondern war den ganzen Abend über von Tisch zu Tisch gegangen. War das gefühllos von mir? Mir hatte meine Bitte so gering geschienen, aber für Freddie war sie nicht so gering. Komisch, nach all den Jahren bin ich plötzlich gar nicht mehr so sicher, ihn wirklich zu kennen.

Bei der Durcharbeitung dieses Arbeitspapiers erkannte Sandra ein paar wichtige Dinge und fertigte einige realistische Pläne für ihr weiteres Vorgehen an. Ihr wurde der Streß bewußter, unter dem Freddie lebte. Sie trug den Konflikten Rechnung, die ihre Karriere bei Freddie hervorrief, indem sie ihn ermutigte, sich nach anderen Arbeitsmöglichkeiten umzuschauen, um seine Frustrationen abzubauen. Und sie unternahm erste Schritte zur Erfüllung ihres eigenen Traums, als sie mit Freddie Urlaub auf dem Land machte. Sie schauten sich Antiquitätenläden und Wirtshäuser an und schmiedeten langfristige Pläne. Nach ihrer Rückkehr ging Freddie zu einem Stellenvermittlungsbüro. Sandra versprach, ihn nur noch zu wichtigen Anlässen mitzunehmen, und er versprach, sie samstagsabends zum Tanz auszuführen.

Arbeitsblatt zu Fall zwei

Eine Investitionsgelegenheit

Kürzlich kam Steven mit dem Vorschlag zu mir, in ein neuartiges Unternehmen einzusteigen. Das Konzept sah unter anderem ein neues Medium für Anzeigenwerbung vor – es ging um Werbeanzeigen auf der Rückseite der Supermarktkassenbons. Steven und sein Partner Tom trugen mir die Idee vor und versicherten, daß sie die meisten technischen Probleme bereits gelöst hätten. Sie hatten schon mehrere Anzeigenkunden für das Konzept interessiert.

Die Idee schien gut. Das Risiko-Gewinn-Verhältnis war günstig. Ich begann schon, über Ausweitungs- und Franchising-Möglichkeiten nachzudenken. Durch die Idee angeregt und fast bereit, eine größere Summe zu investieren, beschloß ich, das Arbeitsblatt der Lebenswerkzeuge zu Rate zu ziehen, bevor ich mich entschied.

Der Tropfen Uhu: Hier sitze ich und denke darüber nach, wie man dieses Anzeigengeschäft erweitern, auf Franchising-Basis aufziehen, bekannt machen und leicht aufziehen kann – dabei habe ich bisher weder entschieden, ob ich in diese Sache investieren soll, noch habe ich die Implikationen dieser Investition durchdacht. Ich muß mir meine eigenen Worte in Erinnerung rufen: Ein leerer Geist ist der Beginn der Weisheit. Ich verwende einen Tropfen Uhu, um den Fluß der Wörter versiegen zu lassen. Allmählich sehe ich klarer. Ich erkenne, daß ich von der unbewußten Annahme ausgegangen bin, eine vernünftige Sache sei es auch wert, daß man sich ihrer annimmt. Aber das ist nicht immer richtig. Ich habe zugelassen, daß mein Geschäftssinn vor meinem Denken erwacht ist. Ich muß meiner spirituellen, fühlenden Seite Rechnung tragen. Ich beschließe, zwei Tropfen Uhu zu applizieren und zu meditieren.

Die Glocken: Ich lausche auf meine Glocken und höre sie läuten. Ich gehe die Liste durch und erkenne, daß ich den Klang der Glocke meiner persönlichen Schwäche höre. Ich bin schon wieder im Begriff, das Versuchskaninchen für eine kreative Idee zu spielen. Wenn ich nicht vorsichtig bin, stecke ich – ehe ich mich's versehe – bis zum Hals in der Sache. Dann erhalte ich eine nachdrückliche Botschaft von der Glocke meines sechsten Sinns. Ich erkenne, daß ich tiefe grundsätzliche Vorbehalte gegenüber Tom habe. Er ist klug, aber ich traue ihm nicht. Ich glaube kaum, daß wir reibungslos zusammenarbeiten könnten. Das Arbeitspapier öffnet meine Kanäle.

Die Punkte im Kreis: Wenn ich gezielt nach spekulativen Unternehmen suchen würde, stünden mir viele Möglichkeiten offen. Ich könnte einige der Einlagen überdenken, zu denen mich Larry gedrängt hat. Ich könnte eine meiner eigenen Geschäftsideen aufgreifen – ich habe ein ganzes Lagerhaus voll von ihnen. Oder besser, ich könnte ein Off-Broadway-Musical finanzieren oder selbst produzieren. Steven und Tom zu unterstützen ist nur eine von vielen Möglichkeiten, ein Punkt im Kreis, eine Lösung des Problems. Die Idee ist reizvoll, aber sie ist die Lösung eines Problems, das ich nicht habe. Ich halte zur Zeit nicht nach Spekulationen Ausschau.

Der Nordstern: Als ich über den Nordstern nachsinne und meine weichere Seite zu Wort kommen lasse, erkenne ich, daß ich nicht meinen Faszinationen folge, wenn ich dieses Wagnis auf mich nehme. Ich sehe Dollarzeichen am Himmel, aber nicht meinen Nordstern. Dieser Kompromiß hätte vor einigen Jahren vielleicht einen Sinn ergeben, aber jetzt erweckt er nur die Ahnung von Streß in mir. Ich muß mir selbst gegenüber ehrlich bleiben. Ich kann es mir nicht leisten, in alte Gewohnheiten zurückzuverfallen. Es wäre eine großartige Gelegenheit, Geld zu verdienen, aber es würde enorm viel Zeit und Energie binden. Und ich bin glücklich, mich ganz dem Schreiben und der Musik zugewandt zu haben. Weshalb sollte ich der Faszination anderer folgen, wenn ich meine eigenen Faszinationen entdeckt habe?

Die Uhr: Ich bin nicht mehr derselbe wie vor zwanzig Jahren. Victor $Dishy_{1990}$ ist nicht derselbe wie Victor $Dishy_{1970}$. Meine Bedürfnisse und Ziele haben sich gewandelt. Ich denke, ich schätze diesen Vorschlag nach gestrigen Maßstäben ein. Ich denke so, als befände ich mich in der damaligen Geschäftswelt, aber die $Prioritäten_{1990}$ sind nicht die $Prioritäten_{1970}$. Und wie steht es mit dem Welleneffekt? Wenn ich mich auf dieses Unternehmen einlasse, führt es mich tiefer und tiefer ins Geschäft, und das entspricht nicht dem, was ich mir an diesem Punkt meines Lebens wünsche.

Die Fliege: Als ich mir mein Treffen mit Steven und Tom nochmals vor Augen führe, erinnere ich mich, in ihrem Inneren Triangel etwas wahrgenommen zu haben, was mich störte. Sie sind jung, hartnäckig und ehrgeizig – alles vielleicht zu sehr. Ich fühle, daß sie Anleitung brauchen; daß ich vor ihnen auf der Hut sein muß. Ich fühle, daß mich die Partnerschaft belasten und stören würde.

Als ich das Arbeitsblatt durchgearbeitet hatte, stand meine Entscheidung fest. Ich beschloß, das Angebot abzulehnen. Die Entscheidung fühlte sich richtig an. Ich fühlte mich nicht länger gestreßt oder ängstlich. Alles sprach für einen großen finanziellen Erfolg des Unternehmens; aber wenn wir die Lebenswerkzeuge verwenden wollen, um unseren Lebensstil zu formen, müssen wir wissen, wann wir nein sagen müssen.

Fallgeschichte eins: Abbe

Abbe hat in den letzten vier Jahren als Texterin bei Ogilvy and Mather in New York City gearbeitet. Sie lebt allein in einem Ein-Zimmer-Apartment am Gramercy Park. Sie liebt ihre Arbeit und ihre Freunde, aber sie ist allein und stadtmüde. Die vielen Bars machen sie krank, und sie verbringt ihre

Wochenenden mit Botengängen, Arbeiten und Kinobesuchen. Als ihr ein Stellenvermittler eine Position als Associate Creative Director einer kleinen Werbeagentur in San Diego anbietet, denkt sie, warum nicht, und stellt sich vor. Das Vorstellungsgespräch verläuft befriedigend, und man bittet sie, zu einem weiteren Gespräch an die Küste zu kommen. Der Job wird ihr angeboten, und sie hat bis Montag morgen Zeit, sich zu entscheiden.

Da Abbe ihre Innere Fitneß trainiert hat, wendet sie die Lebenswerkzeuge auf ihre Situation an. Sie hört ihre Ich-bin-gefangen-Glocken sie vor dem Stagnieren warnen. Mit ihren fünfunddreißig Jahren fürchtet sie, daß sie ihrer Jugend entflieht und daß sie sich die Finger wund gearbeitet hat, ohne etwas vorweisen zu können. Sie hat nicht viel gespart, und sie hat kein erwähnenswertes Liebesleben. Sie scheint festgefahren. Aber der Gedanke an eine Veränderung schüchtert sie ein. Nie mehr ihre besten Freundinnen Jan und Marcie zu sehen; nie mehr Pete's Tavern; nichts mehr von der vertrauten Routine. Werden ihre Möbel in San Diego die gemütliche Gramercy-Park-Atmosphäre wiedererschaffen können? Wird ihr der neue Job gefallen? Wird sie Freunde finden? Wird es ihr an der Westküste gefallen? Was ist, wenn es ihr nicht gefällt?

Abbe denkt an den Nordstern und versucht, ihren Traum zu bestimmen. Was fasziniert sie wirklich? Was wünscht sie sich mehr als alles andere auf der

Welt? Sie hört die Antwort laut und klar aus ihrem Inneren: Sie möchte ein Baby haben. Ihre biologische Uhr tickt, und sie will ein Kind haben; ehelich oder nicht. Die Vorstellung, in New York City allein ein Kind aufzuziehen, hatte sie immer erschreckt. Ein Haus in San Diego – vielleicht am Strand – scheint ihr für diesen Zweck weit geeigneter.

Dann beginnt der Nordstern vor ihrem inneren Auge zu funkeln. Sie erkennt, daß sie bisher nur die praktischen Aspekte eines Umzugs erwogen hat. Sie hat sich an Details festgehalten und ihre wichtigeren, spirituellen Bedürfnisse vernachlässigt. Ihr Nordstern verlockt sie dazu, die Passion ihres Lebens wiederzubeleben. Vielleicht wird sie in San Diego die Zeit finden, mit dem Roman zu beginnen, der ihr in all den Jahren im Kopf herumgegangen ist. Abbe denkt an die Punkte im Kreis, aber sie erkennt, daß ihr keine Zeit bleibt, nach anderen Möglichkeiten Ausschau zu halten. Damit würde sie die Entscheidung nur aufschieben. Statt dessen grübelt sie über die Entscheidung nach, bis sie an den Punkt gelangt, an dem sich ihre Ängstlichkeit zu Wort meldet. Die Pros und Kontras der Situation ergeben einen unauflösbaren Mischmasch. Sie ißt Ben & Jerry's Eiscreme, um ihre Angst zu beschwichtigen, aber sie fühlt sich nur noch schlimmer. Endlich gibt sie einen Tropfen Uhu auf ihre Lippen, hört auf, irrational und zwanghaft zu denken, und hält inne, um emotional zur Besinnung zu kommen.

Sie stellt sich ihr kleines Mädchen vor. Sie wird es Amanda nennen, und es wird dunkelblonde lockige Haare und eine vorwitzige Nase haben. Sie sieht sich selbst mit Amanda Hand in Hand am Strand entlang und durch eine saubere, warme Stadt bummeln, in der von dem scharfen Zynismus New Yorks nichts zu spüren ist. Abbe setzt ihre Visualisierung fort. Sie sieht sich selbst gebräunt und gesund, wie sie neue Freunde trifft und den leichten kalifornischen Lebensstil genießt.

Jetzt verwendet sie zwei Tropfen Uhu und treibt in eine größere innere Stille. Sie erreicht einen Zustand der Harmonie. Ihr tiefstes, leidenschaftliches Selbst taucht empor. Ohne nach Worten oder Vernunftgründen zu suchen, *fühlt* sie, daß der Umzug richtig ist. Erst nach dieser Erfahrung kleidet sie ihr Gefühl in Worte: »Vielleicht erhalte ich nie wieder eine solche Chance. Ich weiß nicht, ob es mir dort bessergehen wird, aber ich muß das Risiko auf mich nehmen und es herausfinden.«

Die Uhr kommt ihr in den Sinn, bestätigt ihre Entscheidung und erinnert sie daran, daß sich die Person mitsamt ihren Bedürfnissen verändert. New York war bisher richtig für sie, aber jetzt ist sie mehr an Lebensqualität und Erfülltsein als an Erfolg oder Geld interessiert. San Diego scheint weit besser zu ihren höheren Zielen zu passen. Im schlimmsten Fall liegt ihr der Job nicht. Dann kann sie immer noch nach New York zurückkehren, besonders wenn sie ihr Apartment nur untervermietet. Vielleicht findet sie sogar einen Mann in San Diego. Vielleicht verschafft ihr der Job neue kreative Möglichkeiten und die Chance, viel Geld zu verdienen. Noch einmal läuten ihre Glocken und drängen sie, zu handeln. Sie vergegenwärtigt sich, was geschieht, wenn sie den Job ablehnt: Wieder ein Morgen im Büro, wieder eine Sitzung mit dem alten Stab, der Kampf mit denselben Klienten, dann nach Hause in dasselbe Apartment. Aber das Angebot hat bereits ihre Augen geöffnet, sie angeregt und ihre Perspektive verändert. Jetzt empfindet sie es als lebensbedrohend, *nicht* umzuziehen, sich nicht zu verändern. Sie akzeptiert, daß der Streß des sich Neueingewöhnens nur den üblichen Preis für eine neue Chance darstellt, eine vorübergehende Unbequemlichkeit; und daß sie es für immer bedauern würde, wenn sie die Chance nicht genutzt hätte. Abbe beschließt, das Angebot anzunehmen.

Fallgeschichte zwei: Joyce

In den letzten vier Jahren hatte Joyce, eine attraktive, einunddreißig Jahre alte Fotografin mit funkelnden braunen Augen, mit Jason zusammengelebt, einem schlanken, bärtigen Fünfunddreißigjährigen, der darum kämpfte, seinen ersten Roman zu veröffentlichen.

Am Anfang hatte Joyce die Beziehung reizvoll und anregend gefunden. Obwohl Jason völlig von seiner Schreiberei in Anspruch genommen und mit sich selbst beschäftigt war und häufig Wutanfälle bekam, behandelte ihn Joyce mit Liebe und Verständnis. Es gefiel ihr, mit einem Schriftsteller zu leben, und sie schrieb Jasons Verhalten seinem »künstlerischen Temperament« zu. Sie wußte, wie schwierig Schreiben war und wie verzweifelt Jason sich Erfolg wünschte.

Aber nach vier Jahren ist der Glanz ihrer Beziehung verblichen. Joyce hat sich in ihrem eigenen Beruf nicht weiterentwickelt und fühlt sich nutzlos und ungeliebt. Sie wird von Selbstzweifeln gequält und fühlt sich, als lebe sie nur in Jasons Schatten. An diesem Punkt ist sie »reif« für das Innere-Fitneß-Programm.

Sie visualisiert die Fliege und nimmt die innere Dynamik ihres Lebens mit Jason unter die Lupe. »Diese Beziehung funktioniert einfach nicht. Ich komme mir vor, als wäre ich in den letzten vier Jahren in einer Tretmühle gefangen und in Trance gewesen. Ich habe nicht die geringste Kontrolle über mein Leben; ich tue, was er mir sagt. Gott, bin ich wütend! Ich vermute, ich bin einfach nicht reif für ein angenehmes Leben. Vielleicht verdiene ich es auch nicht.«

Plötzlich erkennt Joyce, daß ihr Verlangen nach Valium, ihre chronische Verstopfung und ihre Schlafstörungen körperliche Anzeichen für das

Läuten ihrer Glocken sind. Dank des Innere-Fitneß-Programms erkennt sie allmählich, daß der einzige Weg, sich von negativen Tendenzen zu befreien, darin besteht, das Positive zu erstreben. Sie begreift den Klang der Glocken als Warnung vor einer lebensbedrohenden Gefahr. In der Erkenntnis, daß sie sich den psychologischen Luxus, ihre Vergangenheit zu ergründen und zu zerpflücken, nicht leisten kann, beginnt sie, die Verantwortung für ihr Leben zu übernehmen.

Eine alte Anzeige der MacDowell Colony, einer elitären Künstlerkolonie in New Hampshire, fällt ihr in die Hände. In der Anzeige werden Künstler aller Art eingeladen, zwei Wochen lang in einer kreativen Umgebung zu leben und zu arbeiten. Joyce hat Fotografie studiert und eine Mustermappe voller eigener Arbeiten, aber sie hat ihr Talent brachliegen lassen, als sie ihr Ich Jason zuliebe zurückgestellt hatte. Sie erkennt, daß sie seit Jahren ihren Nordstern ignoriert hat. Aber jetzt fühlt sie eine winzige, helle Flamme in sich emporzüngeln. Einmal will sie ihrer Faszination folgen. Die Punkte im Kreis kommen ihr in den Sinn, und die vergilbte Anzeige, die sie aus einer Zeitung geschnitten hat, verwandelt sich in eine neue Chance – eine Möglichkeit, ihre Kreativität zu wecken und ihr Schicksal in die Hand zu nehmen.

Joyce schreibt an die MacDowell Colony und wird wider Erwarten angenommen. Zum ersten Mal in ihrem Leben nimmt man sie als Künstlerin ernst.

»Stell dir vor, *ich* habe Talent!« sagt sie zu sich selbst. Sie hat auf ihre Glocken gehört und etwas in Bewegung gebracht. Ihr Nordstern scheint hell. Als sie ihren Faszinationen folgte, hat sie Ströme positiver Energie freigesetzt. Sie fühlt sich viel wohler in ihrer Haut und ist bereit, ihrem Leben eine neue Richtung zu geben.

Als Joyce in ihr beengtes Stadtapartment zurückkehrt, verwendet sie einen Tropfen Uhu. Sie ist nicht länger bereit, vorgegebene Rollen zu spielen und auf vorhersagbare Art zu reagieren, und macht sich auf die Suche nach kreativen Lösungen. Ohne einen genauen Grund angeben oder ihre Aktionen beschreiben zu können (und ohne zu entscheiden, ob sie weiterhin mit Jason zusammenleben will), hält sie nach einer neuen Wohnung Ausschau. Sie hat nur das Gefühl, daß dies das richtige ist. Als sie in der Anwendung der Lebenswerkzeuge geübt ist, hat sie allmählich mehr Angst vor dem *Nicht*handeln als vor dem Handeln. Jede Veränderung scheint ihr besser als der Status quo. Allmählich gewöhnt sie sich ein »Ich wähle«-Leben an.

Als Joyce erfährt, daß ihr vierzig Jahre alter Vetter gestorben ist – getötet bei einem bewaffneten Überfall auf sein Lampengeschäft in Greenwich Village –, führt sie sich das Bild der Uhr vor Augen und erkennt, daß das Leben kurz ist; daß sie keine Zeit zu verschwenden hat. Sie hält Rückschau auf die letzten vier Jahre und fragt sich: »Möchte ich auf diese Art weiterleben? Ist das die Zukunft, die ich mir wünsche?«

Ein paar Wochen später findet sie ein neues Apartment, bricht mit Jason und widmet sich der Fotografie. Innerhalb sehr kurzer Zeit verschwinden ihre Schlafstörungen, und sie entwickelt ein neues Selbstwertgefühl. Ihre alten neurotischen Muster lösen sich auf, und zum ersten Mal beginnt sie, nach ihren eigenen Vorstellungen zu leben und ihre eigenen Bedürfnisse zu erfüllen. Sie fühlt sich wie neugeboren; ihre Eigenständigkeit hat sie befreit.

Elf

Wie es weitergeht

Innere Fitneß ist im wesentlichen ein leicht ausführbares Programm, das uns zunächst drängt, auf unsere Träume und Instinkte zu hören, und dann, realistische Pläne zur Erfüllung dieser Träume und Instinkte auszuarbeiten. Es drängt uns, das Büro zu verlassen und ins Freie zu gehen und unsere Wahrnehmungen und Pläne systematisch, genau und von Grund auf zu entwickeln. Denn wir können unsere Ziele nur erreichen, wenn wir unsere Instinkte mit Tatsachen und direkten Erfahrungen in Einklang bringen.

Aber an dieser praktischen Philosophie ist mehr: Sie befähigt uns, das Ungewöhnliche im Alltag zu sehen. Sie stimmt mit Albert Einstein überein, der gesagt hat: »Gott steckt im Detail.« Der Maler Antoni Tapies hat sehr bildhaft beschrieben, was es bedeutet, die Welt durch die Augen eines Menschen zu sehen, der einen Blick für die Magie im Kleinen besitzt:

»Schauen Sie sich ein einfaches Objekt an. Nehmen

Sie zum Beispiel einen alten Stuhl. Scheinbar hat es nicht viel mit ihm auf sich. Aber bedenken Sie das ganze Universum, das in ihm steckt: die Hände und der Schweiß des Arbeiters, der das Holz schnitt, das einst ein kräftiger, lebensvoller Baum mitten in einem dichten Wald hoch oben in den Bergen war; die liebevolle Arbeit desjenigen, der ihn zusammenfügte; die Freude dessen, der ihn kaufte; die Schmerzen und lustvollen Erlebnisse der Menschen, die in einem großen Wohnzimmer oder einem armseligen Raum in einer Arbeitervorstadt auf ihm saßen. All dies verkörpert Leben und ist bedeutungsvoll. Selbst der älteste Stuhl trägt den Saft in sich, der – weit weg in den Bergen – aus der Erde emporstieg und noch Wärme spenden wird, wenn er einst in Form von Holzstücken in einem Kamin brennt.«

Wenn Sie das nächste Mal eine Person sehen, die Sie seit Jahren kennen, denken Sie daran, wie Antoni Tapies einen Stuhl sieht. Schauen Sie sie wirklich an. Achten Sie auf ihre Besonderheiten. Spüren und fühlen Sie ihre unerfüllten Träume und Wünsche. Ihre Vergnügen und Leiden. Ihre inneren Kämpfe. Ihre Liebespartner und Feinde. Betrachten Sie diese Person aus der Sicht eines Künstlers.

Leben mit Wahrscheinlichkeiten

Der Realität ins Auge zu schauen macht es uns in keiner Weise leichter, uns einem aktiven Leben zu verschreiben. Es gibt keine Garantien, nur Wahrscheinlichkeiten.

Wir können nie sicher sein, wie sich unsere Entscheidungen auswirken. Denn die Welt in und um uns steht nie still, und wir müssen lernen, uns mit Wahrscheinlichkeiten anstelle von Garantien zu begnügen.

Absolute Sicherheit im Leben anzustreben ist eine sichere Methode, seinen ganzen Entscheidungsapparat kurzzuschließen. Selbst die Lebenswerkzeuge arbeiten nicht hundertprozentig genau: Manchmal irren die Glocken, und manchmal stellen die Punkte, die wir aus dem Kreis der Möglichkeiten auswählen, nicht die Lösung aller unserer Probleme dar.

In einer ungewissen und gefahrvollen Welt zurechtzukommen erfordert eine Fähigkeit, die ein wenig ans Fahrradfahren erinnert: Wir können uns nur im Gleichgewicht halten, wenn wir ständig ausgleichen. Wir »schwimmen mit dem Strom«, wie die Redensart lautet; wir ändern ständig unsere Position, um uns den Erfordernissen einer fortschrittsorientierten Welt anzupassen. Wenn wir ein Problem lösen, gehen wir nach der Methode »Versuch und Irrtum« vor, das heißt, wir probieren und korrigieren ständig. Um in einer Welt, in der

Sicherheit eine Illusion ist, erfolgreich handeln zu können, müssen wir uns davor hüten, nach illusorischen perfekten Lösungen Ausschau zu halten.

Der emotionale Sprung

Es genügt nicht immer, das Nichtvorhandensein von Sicherheit in der Welt zu akzeptieren. Manchmal stellen wir wie Hamlet fest, daß unsere eigenen Rationalisierungen uns binden und unbeweglich machen. Wir erschaffen einen wunderbaren Spielplatz für Zweifel und untergraben schließlich unsere raffiniertesten Pläne. Wenn wir uns zu sehr auf die Stimme der Vernunft verlassen, analysieren und wägen wir immer nur unsere Chancen ab, ohne je zu handeln.

Ein größeres Hindernis auf dem Weg zu einem kreativen und positiven Unternehmen ist unser Glaube, ein Entschluß sei eine rein rationale Angelegenheit.

Die Wahrheit ist, daß jede Entscheidung, ganz gleich, wie sorgfältig wir sie abwägen, einen emotionalen Verzicht fordert. Weil es keine Sicherheit gibt, können wir nie vollkommen sicher sein, daß wir recht haben oder welche Folgen unsere Entscheidung haben wird. Deshalb müssen wir neben unserer rationalen Kalkulation auch die emotionale Kalkulation berücksichtigen, bevor wir handeln. Mit anderen Worten: Wir müssen unsere Gefühle und Intuitionen zugleich mit unseren Wahrnehmungen der Fakten einer bestimmten Situation berücksichtigen. Ein emotionaler Funke ist erforderlich, um Gedanken in Handlungen umzusetzen; um uns mit der zur Ausführung unserer Entschlüsse nötigen psychischen Energie auszustatten.

In dem Augenblick, in dem wir sie in Handlungen umsetzen, werden alle Entscheidungen emotionale Sprünge.

Sorgfältige Überlegungen geben uns einen Anstoß und bereiten uns aufs Handeln vor, aber um die Handlung auch auszuführen, brauchen wir Vertrauen zu uns selbst. Diese Erkenntnis ist der Schlüssel, mit dem wir den durch Furcht oder Passivität geschaffenen mentalen Riegel entfernen können. Der Gewinn dieses Selbstvertrauens und dieser mentalen Entschlossenheit gehört zu den wichtigsten Zielen des Innere-Fitneß-Programms.
Selbst Bernard Baruch, respektierter Präsidentenberater und der »Zauberer der Wall Street«, sagte, als er nach dem Geheimnis hinter seinem finanziellen Erfolg gefragt wurde, er würde alle verfügbaren Daten sammeln und dann springen. Weil unser

rationales Denken nur von Wahrscheinlichkeiten ausgehen und uns nur bis an die Schwelle des Entschlusses bringen kann, sind alle Handlungen letztlich nichts weiter als emotionale Mutproben.

Verwandeln Sie Ihr Leben in ein Kunstwerk

Wenn wir uns genügend Mühe geben, können wir unser Leben über die Ebene der Geschicklichkeit hinaus zu einem Kunstwerk erheben. Wie ein Bildhauer einen Lehmklumpen zu einer Skulptur formt oder ein Maler aus Pinselstrichen ein Bild komponiert, erschaffen wir mit jeder Handlung und jedem Entschluß unser Leben neu – unser Lebenskunstwerk. Wir lernen mit der Sensibilität eines Künstlers erkennen, daß jeder Tag ein neuer Start ist, ein neues Abenteuer, eine neue Gelegenheit zur Kreativität.

Natürlich wird nicht jeder Tag ein Meisterwerk. Wie ein Künstler viele Entwürfe verwirft, mögen wir uns wünschen, einige schwierige und frustrierende Tage ausradieren zu können. Zum Glück gibt es auch Tage voller Schönheit, die ein ganzes Leben lang vorhalten, besonders wenn an ihnen größere Wendepunkte liegen, nach denen wir unser Leben formen und ausrichten. Ebenso, wie es keinen »besten« künstlerischen Stil gibt, kann es auch keine »perfekte« Methode geben, nach der wir unser Leben formen können. Die Zahl der Möglichkeiten ist Legion – ebenso wie die der Chancen, die wir nutzen können, um ein »Ich wähle«-Leben zu führen.

Wir sind am Ende des Innere-Fitneß-Programms angelangt. Wir haben Stück für Stück einen praktischen Entwurf erarbeitet, wie wir unser Leben erfüllter machen können. Die in diesem Buch beschriebenen Lebenswerkzeuge werden uns – wenn wir sie konsequent und weise verwenden – die zur Führung eines »Ich wähle«-Lebens erforderlichen Fähigkeiten entwickeln helfen. Eines Lebens, das der Wahrnehmung unserer Chancen zur Entwicklung unserer Persönlichkeit und der freien Wahl unserer sozialen, privaten und beruflichen Welt gewidmet ist. In uns steckt – wie in dem Stuhl, den Antoni Tapies beschreibt – ein Universum. Es ist mein größter Wunsch, daß Innere Fitneß dieses Universum für jeden von uns erschließt und unser Leben auf dieser Erde zu einem sich ständig vervollkommnenden Kunstwerk gestaltet.